初心

七十年，那些伴中国气象前行的身影

中国气象局◎编

气象出版社
China Meteorological Press

图书在版编目（CIP）数据

初心：七十年，那些伴中国气象前行的身影 / 中国气象局编. -- 北京：气象出版社, 2020.11

ISBN 978-7-5029-7303-2

Ⅰ. ①初… Ⅱ. ①中… Ⅲ. ①气象学－科学工作者－先进事迹－中国－现代 Ⅳ. ①K826.14

中国版本图书馆CIP数据核字(2020)第200977号

初心——七十年，那些伴中国气象前行的身影

Chuxin——Qishi Nian，Naxie Ban Zhongguo Qixiang Qianxing de Shenying

中国气象局　编

出版发行：气象出版社

地　　址：北京市海淀区中关村南大街 46 号　　邮政编码：100081

电　　话：010-68407112（总编室）　010-68408042（发行部）

网　　址：http://www.qxcbs.com　　E-mail：qxcbs@cma.gov.cn

责任编辑：殷　淼　邵　华　　终　　审：吴晓鹏

责任校对：张硕杰　　责任技编：赵相宁

封面设计：郝　爽

印　　刷：北京地大彩印有限公司

开　　本：889 mm × 1194 mm　1/16　　印　　张：13.5

字　　数：302 千字

版　　次：2020 年 11 月第 1 版　　印　　次：2020 年 11 月第 1 次印刷

定　　价：168.00 元

《初心——七十年，那些伴中国气象前行的身影》编委会

编者按

气象精神是气象工作的灵魂和气象文化的精髓。中华人民共和国成立70年来，气象工作者不忘初心、牢记使命，薪火相传，以服务国家、服务人民的深厚情怀，形成了“准确、及时、创新、奉献”的气象精神，谱写了气象事业跨越式发展的壮丽篇章。

为庆祝中华人民共和国成立70周年，中国气象局组织编写了《初心——七十年，那些伴中国气象前行的身影》，聚焦曾获得“全国五一劳动奖状”“全国工人先锋号”等的集体和获得“全国劳动模范”“全国先进工作者”等的个人，以及在重大活动等气象服务保障中做出突出贡献的集体和个人，展示先进风采，凝聚部门精气神。受篇幅所限，本书仅集纳部分在媒体，特别是在《中国气象报》曾刊出的报道。

新时代，新使命，新征程。希望通过本书的编写，进一步凝聚全国气象工作者干事创业的力量，以习近平新时代中国特色社会主义思想为指导，戮力同心、锐意进取，加快推进气象强国建设，为奋力夺取全面建成小康社会伟大胜利，实现中华民族伟大复兴的中国梦，做出新的更大贡献。

目录

主战场上没有硝烟的“战争”

——记“北京奥运会残奥会先进集体”获得者北京奥运气象服务中心

在北京奥运气象服务中心陈列着一个由北京奥组委赠送的金属鸟巢纪念品，虽然其重量仅 5 千克，但是，这个特殊的鸟巢，在所有为奥运服务的气象人心中却重于泰山。它承载着奥组委和社会公众对气象工作的重视和期望，也承载着气象人的责任和信心。

2008 年 8 月 7 日，6 时 30 分，当大多数人还在睡梦中时，北京奥运气象服务中心的预报员和专家们却已在会商室里准备分析材料了。气象服务显示屏上，各种气象数据资料不断更新，一份份最新预报产品被输往服务单位。北京奥运气象服务中心从 8 月 7 日起进入了一级气象服务应急响应状态，奥运应急工作领导小组成员全部在岗！首席预报员岗和关键岗成员全部到岗！专家天气会商根据情况随时开始！气象应急指挥车全副武装待命！国家气象信息中心等单位全天候保障！

北京市气象台台长郭虎特意穿上了红色的上衣，已经连续忙碌了好几个通宵的他，在红上衣的映衬下显得神采奕奕。“7 年漫长的准备都熬过来了，奥运会就要开始了，我们一定要信心百倍地投入到这场关键的战役中。”郭虎向记者摆了摆手，转过头悄声和旁边的专家商量早上的雾对航班的影响情况。

9 时 30 分，会商大厅里就传来了熟悉的声音：“今早的雾会不会影响飞机起降？”北京市委常委牛有成、中国气象局副局长许小峰来到北京奥运气象服务中心，关切地询问天气情况。上午，200 余架载有各国政要的航班将集中抵达北京，雾的强弱直接影响飞机起降。

“5 时是浓雾，8 时是轻雾，早晨航班没受影响。”听到郭虎给出的答案，牛有成和许小峰紧锁的眉头舒展开来。

会商结束后，牛有成说："从目前的情况来看，8 日的天气带给我们更多信心，但也让我们看到了隐忧。天气形势复杂多变，气象部门要将可能出现的情况主动告知决策部门和社会公众，要做好防御各种极端天气的准备工作。"

许小峰也为大伙鼓劲："目前的天气形势使我们准备了 7 年的中期预报和短期预报模式，特别是短时临近预报模式都得到了充分应用。各单位要充分利用各种手段，确保所有设备正常运转，严密监视天气变化情况，全力以赴做好开幕式气象服务工作。"

12 时 30 分，早已过了吃午饭的时间，仍有很多盒饭留在预报室桌子的一角。长期驻守在北京气象服务中心预报现场的中央气象台首席预报员乔林顾不上吃饭，认真地核对资料，不停地用红笔在天气图上勾画，他的电脑桌边的围栏上，"我参与、我奉献、我快乐"的奥运标语赫然在目。

8 月 7 日是七夕，中国的情人节，可对于北京奥运气象服务中心的李青春来说，这几年的青春几乎都奉献在奥运气象服务的预报室里了，同事们笑称，李青春的情人就是"奥运气象"。

16 时 10 分，会商再次进行，奥运精细化预报等模式的分析结果在这里汇集、碰撞。"从各项分析来看，维持预报意见，8 日白天多云转阴，有短时阵雨，晚上阴天间多云。"最后，北京市气象局首席预报员孙继松给出了会商结论。

与此同时，北京奥运气象服务中心墙面上的倒计时牌在分分秒秒地翻动，离奥运会开幕越来越近，严谨而有序的预报服务正毫不松懈地进行着。

（来源：《中国气象报》，2008 年 8 月 8 日，作者：俞骆波　王晓乐）

抢占技术前沿 展现团队精华

——记“全国工人先锋号”获得者北京城市气象研究所城市天气预报技术研究室

2014年4月28日，北京春光明媚，中国气象局北京城市气象研究所（以下简称北京城市所）城市天气预报技术研究室主任陈敏走进人民大会堂，参加“全国五一劳动奖状”“全国五一劳动奖章”和“全国工人先锋号”获得者表彰大会。今年，该研究室荣获“全国工人先锋号”称号，这主要基于他们在北京地区逐3小时快速更新循环中尺度资料同化与预报系统（英文简称BJ-RUC）开发方面取得的重要成绩。

时间回到2002年，北京城市所组建城市天气预报技术研究室（原名数值预报技术研究室），几位“学霸级”的硕士和博士走到了一起。目前，该研究室共有8人，“老大哥”张文龙今年45岁，其他人都是“70后”“80后”，平均年龄37岁。

陈敏，一位毕业于北京大学大气科学专业的女博士，国内外同行导师“传帮带”，自己又虚心求学，她在工作中迅速成长，2012年被评为研究员，成为团队带头人。副主任范水勇，人如其名，做起事来真有股子“勇劲儿”，他负责北京快速更新循环预报系统的流程架构设计，搞业务系统研发总是冲在前面。学数学出身的高华，承担着系统检验和计算运行与管控的重任。“80后”女博士卢冰是挑起模式前处理和业务开发改进担子的“前锋”。“大男孩”王在文则是负责模式产品后续处理的“后卫”，他负责把大量的预测模式产品转换为友好界面和清晰图像，提供给预报员使用。“女将”仲跻芹是地基GPS资料和其他观测资料同化以及预报质量控制的行家里手。张文龙在暴雨和强对流天气机理研究及检验模式方面是专家，负责分析处理天气过程的生成发展直至消亡。而李玉焕，则是一位刚刚加入团队不久的“新人”。

2012年6月，卢冰曾作为北京市气象局第二批技术援疆人员，带着领导、同事的期望和重托，参加了对口支援新疆气象工作。在克拉玛依市气象局一年半的工作中，她克服气候、时差和饮食习惯改变而引起的不适应，积极主动传授业务研发经验，协助当地气象业务人员建立数值模式客观检验系统，开展数值预报产品的释用，优化数值预报系统的业务性能，推动了当地的精细化数值预报系统建设和发展。

从研究室成立至今，BJ–RUC 仍在不停发展与完善中。陈敏与同事本着边开发边应用的原则，开展模式科技研发和业务化建设。其间，团队的每位成员坚持边干边学，逐步把引发强对流天气的机制预测理论构建起来，又将各种观测数据资料和计算公式投入到一个个程序模块中，形成稳定的预报系统。

在这里，他们每天与大型计算机、复杂的数理计算模拟以及真实的大气变化状态为伍，对天气预报进行滚动调试和更新。他们认真分析，相互协作，缜密调整数据参数。在经历了无数次预报的成功与挫折后，该研究室于 2007 年建成我国第一套高时空分辨率的快速更新循环同化和预报业务系统。BJ–RUC 实现了 72 小时内逐 3 小时滚动更新的定点逐小时气象要素预报，投入到 2008 年北京奥运会及残奥会气象保障服务等一系列大型活动气象保障服务中，为北京市气象局做好日常天气预报服务、突发气象灾害预报预警提供科技支撑，成为预报员日常工作中不可缺少的预报参考工具。

科技创新的脚步永远不能停歇。近年来，研究室在保障 BJ–RUC 系统正常运行的前提下，又从城市精细天气预报业务和服务实际需求出发，在第一代 BJ–RUC 的基础上完成了新一代 BJ–RUC 系统（BJ–RUC2.0）的研发。系统在升级换代后，对风雹和雾、霾等灾害性天气预报性能有了新的提高，BJ–RUC2.0 成为全国第一个 3 千米高分辨率、3 小时快速滚动更新的区域数值预报系统。它带来了更加精细化的预报，并且精细预报的范围已不仅仅局限于北京，而是覆盖整个华北。

就在团队荣获“全国工人先锋号”之际，陈敏被北京城市所调动到应用技术研究室，承担起城市短时临近预报项目研究任务。我们期待这些青年气象科技工作者在各自岗位取得更多新成绩！

（来源：《中国气象报》，2014 年 5 月 6 日，作者：曹冀鲁）

为了那片蔚蓝的天空

——记“全国工人先锋号”获得者河北省气象局环境气象职工创新工作室

6 个城市处于全国空气质量排名后 10 位，一个城市多次被列为空气质量最差城市……2014 年，由河北省政府专门批复，全国唯一专门从事大气污染防治气象保障的省级地方气象事业机构——河北省环境气象中心成立时，面临的就是这样的难题。

任务再艰巨，也要鼓足劲儿干下去。河北省环境气象中心全体干部职工顶住了压力，不断提升科研能力、强化服务保障。

2017 年，河北省气象局环境气象职工创新工作室（以下简称工作室）正式揭牌，着力开展重污染天气预报预警及减排效果评估等关键技术的专项攻关并实现业务应用。

如今，河北重污染过程预警准确率从 2014 年的 56% 提升到 87%，预报时效延长到 10 天，连续两年河北空气质量预报技巧全国第一。

在今年“五一”前夕，工作室荣获“全国工人先锋号”称号。荣誉是肯定，更是激励。为了蔚蓝的天空，工作室的成员正砥砺前行。

重污染过程预警准确率从 56% 升至 87%

光有治霾的决心远远不够。

工作室成立伊始，干什么、怎么干，成了摆在大伙儿面前的一道难题。

围绕大气污染防治气象保障，工作室对标先进，确定以“精准治污”为目标，针对重污染天气预报预警和减排调控效果评估关键技术开展专项攻关。

在带头人马翠平的组织下，工作室率先在国内利用卫星资料建立污染源逐月动态反演清单，显著提升了对减排效果进行模拟评估的可靠性。他们还基于神经网络技术，建立了 $PM_{2.5}$ 多模式集合预报系统，重污染过程预警准确率从 2014 年的 56% 提升为现在的 87%，预报时效延长到

10天，空气质量预报技巧连续两年位居全国第一，不仅实现了静稳天气指数由站点向格点的转化，也提升了重污染天气监测预警和气象扩散条件评估的精细化服务能力。

一年时间，这支“超高效”团队的成果还有很多——自主研发的减排效果智能评估系统，通过“一键式”封装技术，将复杂的评估方案和烦琐的源清单处理技术封装在后台，解决了只有专业人士才能开展减排效果评估的技术难题，实现评估技术由高门槛、科研级向低门槛、业务化的转化；在全国率先实现颗粒物来源解析业务化，客观评价不同季节、不同污染类型下的京津冀区域间污染物输送贡献，建立了不同城市、不同季节和不同污染类型下的本地排放贡献和周边污染物输送贡献概念模型。

创新成果在七个市县落地

推广工作室的成果，正在为河北打赢蓝天保卫战发挥积极作用。

第一“战”，就是在石家庄。

2017年，工作室开始为石家庄市环保局提供大气污染遥感监测项目污染源排查及预报服务。通过数值模拟和排放源反演技术，工作室着力于找出污染气体排放源，识别排放源位置；每天提供3千米空间分辨率的$PM_{2.5}$，PM_{10}，SO_2，NO_2，CO，O_3六项基本污染物的预报和石家庄日均空气质量（AQI）指数主观订正预报；每周定量分析石家庄的本地排放和来自周边城市的影响，并给出有效的减排建议；通过长时间的溯源分析，找出重点监察对象，并对监察执法后所采取的减排措施效果进行评估；提供重污染过程气象条件分析和减排效果模拟评估。目前，在气象支撑及政府有力措施之下，石家庄市大气污染治理成效显著。

河北省人大常委会党组副书记、副主任王晓东对此给予了充分肯定：“工作室在静稳天气指数研究、重霾天气预报等方面的工作对于河北省开展污染防治具有重大意义。”

截至2018年5月，工作室的创新成果已在承德、邢台、廊坊等7个市县落地推广，为政府错峰生产和精准治霾提供了客观依据。

工作室大多数是女同志，但个个都是“女汉子”。2015年3月至5月，马翠平两次摔伤，分别导致右臂肘关节骨折和大腿股骨颈骨折，为了不耽误工作进程，她在病床上靠一只左手完成引智项目申请、行标进度汇报、科技奖励申报等工作；为了不影响工作，赵娜怀孕初期没有告诉任何人，一如既往地加班加点，并把所有孕检都安排在周末……

正如马翠平所说，打赢“蓝天保卫战”，是实实在在的民心工程。她表示：“我们将继续发扬‘全国工人先锋号’精神，全身心投入到‘精准治霾，科学治污’的战役中。”

（来源：《中国气象报》，2018年5月4日，作者：李连伟 祁妙 刘冉）

大漠戈壁胡杨魂

——记“全国工人先锋号”获得者拐子湖气象站

在大漠戈壁深处，胡杨的传说流传甚广，说它能活一千年，死后挺立一千年，倒而不朽一千年……执着、坚韧成为它的精神。与胡杨一同坚守在荒漠上的还有拐子湖气象站里一群可爱、可敬的气象人，他们扎根在这里，甘于奉献，54 年如一日与恶劣环境对峙着，为国家的气象事业默默坚守着。

戈壁深处有个气象站

提起拐子湖，在内蒙古自治区阿拉善盟无人不晓，荒凉、艰苦几乎成了拐子湖的代名词。在地处“死亡之地”之称的巴丹吉林沙漠北沿，方圆百千米内常住人口不足 20 人，年均降水量仅 41 毫米，蒸发量却为降水量的 100 多倍，每年 4 个多月被黄沙和大风笼罩，冬夏温差 70 ℃……早在 20 世纪 80 年代初，联合国有关组织就宣布该地区不适宜人类生存。

拐子湖气象站是我国仅有的两个沙漠腹地气象观测站之一。记者驱车两个半小时从额济纳旗人民政府所在地来到拐子湖气象站， 4 月的额济纳正是沙尘肆虐的季节，210 千米的路程走了近 5 个小时。在茫茫沙漠和荒凉戈壁之间，一个不大的院子里，可以看到二层小楼、风力发电、太阳能板、温室大棚、液晶电脑、热水器……如果不了解拐子湖气象站的过去，仅从现状看，不会知道这里的条件曾有多么艰苦！

已经在拐子湖气象站工作了 17 年的站长那木尔给记者总结了曾经的“八大难”——吃水难、吃菜难、用电难、行路难、就医难、沟通难、找对象难、子女上学难。

过去的拐子湖生活的艰苦是难以想象的。在拐子湖要想生存，首先面对的是恶劣的自然环境，一年中大半时间没有新鲜蔬菜，骆驼也不喝的高氟、苦涩咸水成为这里常年饮用的“甘泉”。

每年10月份，站里就到最近的镇里买来白菜、土豆、萝卜、葱头，存储起来一直吃到第二年的五六月份，土豆长了芽削了再吃，白菜、萝卜、葱头烂了一半仍舍不得扔掉。

“我父亲作为第一批进站的工作人员，和同事骑了七天七夜的骆驼才从额济纳旗走到拐子湖。5年前，这里的路还是自然路，住的是泥土房，只能喝苦咸水，吃不上蔬菜，只能用柴油机发电。”工程师许延强说。许延强继承了父亲的职业理想，2010年进站工作，尽管站里的条件是近几年才改善的，但凭着对拐子湖的儿时记忆，如今这里的一切已让他十分满足。

“平凡的工作要用生命来坚守”

全国2600多个气象台站，有四分之一分布在高山、海岛、荒漠、森林等艰险地带，它们被称为艰苦气象台站。艰苦气象台站共分六个级别，拐子湖属于最艰苦的“一类”——这意味着拐子湖的观测员面临着最恶劣的生存环境。

拐子湖气象站的工作流程十分简单，6名有正式编制的工作人员每天守着几台机器，24小时进行观测，每小时用电话把气象数据发到盟气象局。由于位居大漠戈壁，受人类活动影响小，其气象资料显得十分珍贵，正因为珍贵，更显出他们工作的重要性。

“作为全国仅有的两个深入沙漠的气象站之一，拐子湖气象站对沙漠局地气候的研究和数据积累有重要作用。这里是监测西伯利亚气流的上游站、指标站，为下游地域的天气预报分析提供指标，同时也为沙尘暴监测提供第一手准确资料，更为航天事业提供气象服务。”拐子湖气象站副站长王毅一边指着地图，一边骄傲而认真地说。

沙尘暴是拐子湖最令人恐惧的事，越是恶劣天气现象，越需要密集观测气象数据。有一次，沙尘暴刮得异常凶猛，风速达到38米/秒，能见度不足1米。观测时间到了，全站人员排列在一起，用身体筑起一道“钢铁长城”，移向与值班室相距仅40多米的观测场，完成了数据观测。

每当遇到大风天气，吃饭就成了问题，只要刮起五六级左右的风，屋里都是浮尘，吃饭时只能囫囵吞枣，不能细嚼，因为面里都裹着沙子。胃下垂、沙眼、结石等疾病成了驻站人的“职业病”。

“说句心里话，我也想家”

拐子湖气象站所在地曾是乡政府所在地的一个村庄，1992年乡政府搬走了，学校搬走了，邮局也搬走了，唯一的小商店没人了，一周一趟的班车也停了，留下的只有拐子湖的气象人和边防派出所的官兵，人最多时也不过十几个。

当记者问起在这里工作的感受时，每个人都会说这样一句话：“环境的恶劣、生活的艰辛并不可怕，真正让人感觉窒息的是无尽的寂寞和对家人的愧疚。”

许延强原来一直在额济纳旗气象局工作，2010 年作为技术指导被调派到拐子湖气象站，原本 1 年调派期满就可以回到额济纳旗的他，因为没有新人替换，如今已经在拐子湖待了 4 年。2010 年，许延强 70 多岁的老母亲摔伤无人照顾，心急如焚的他向站里申请想回去，因为人手紧缺被驳回。40 多岁的汉子跑到院子里大哭，擦干眼泪后又返回监测场继续记录数据。

漫漫长夜，除了对着电视把频道换了又换，就是几个人围坐在一起喝酒唱歌。“说句心里话，我也想家，家中的老妈妈已是满头白发……”一首歌被唱了无数遍，却仍然让这几个七尺男儿泪流满面，歌中道出了他们对家人的思念和亏欠。困难时期的艰苦都不算什么，看过了城市的繁华却还能留在拐子湖，这才叫坚守，这才是奉献！

（来源：新华社，2013 年 4 月 29 日，作者：张玥 樊曦）

为地方主导产业交出圆满答卷

——记“全国工人先锋号”获得者吉林省榆树市气象局

今年 2 月，中国气象局副局长矫梅燕在吉林省榆树市气象局调研时曾深有感触地说：“榆树市气象事业的发展，展现出新时期基层台站干部职工良好的精神风貌。”“五一”前夕，该局被中华全国总工会授予“全国工人先锋号”荣誉称号。

三年不翅，将以长羽翼

走进简约大气的榆树市气象局办公楼，记者难以想象，这是一个仅有 11 名职工的县级气象局。办公、学习等设施一应俱全，处处传递着气象文化的气息。看着职工们由衷绽放的欢颜，听着他们发自肺腑的心声，不难发现，“和谐”“奋斗”“激情”等词语在这里被赋予了鲜活的生命力。

抚今追昔，吉林省榆树市气象局局长徐学军感触良多。1998 年 4 月，38 岁的他怀着满腔豪情从地方调任至此，刚进大门，心便凉了半截，迎接他的是一个千疮百孔的“烂摊子”。天底下没有过不去的难关！他迅速和职工们打成一片，研究发展对策，确定了“一年打基础，两年上台阶，三年创先进”的初级阶段奋斗目标，带领大家从改造环境入手，开始了第一轮创业。职工们没信心，他发动思想政治攻势：“‘三年不翅，将以长羽翼’，咱们现在积蓄力量，‘虽无飞，飞必冲天；虽无鸣，鸣必惊人’，只要把业务和服务做好了，一定能很快摘掉‘落后’的帽子！”

事业靠人干，人靠精神撑。怎样变“落后”为“先进”？加强科学管理是关键。该局通过加强学习型单位建设，实施制度化、规范化管理，强化局务公开，加强文明创建和气象文化建设，采取外出学习考察等有效措施，极大地增强了职工的凝聚力和战斗力。不到 3 年时间，该局各项工作一举跃居长春 5 县（市）气象局之首。

奋斗目标提前实现，全局上下工作激情高涨。徐学军带领大家继续谋划下一个奋斗目标——超越自我，争创一流！针对榆树市少雨多雹的气候特点，他积极争取政府支持，从零开始，建成了覆盖全市各乡镇的 30 个防雹作业点，积极开展人工增雨防雹服务，对农业生产抗旱减灾夺丰收、巩固国家产粮大县地位发挥了重要作用。

三年不飞，飞将冲天

享有“天下第一粮仓”美誉的榆树市，2011 年粮食总产量再创历史新高，连续第 8 年荣获全国粮食生产标兵县（市）冠军。在这背后，气象功不可没。这一点，榆树市党委、政府认可，各部门、各单位赞同，广大农民群众拥护。2011 年 12 月 26 日，徐学军光荣地站在了全国粮食生产表彰奖励大会的领奖台上，将“全国粮食生产突出贡献先进个人”的荣誉捧在手心，并得到温家宝总理的亲切接见和慰问。

厚积而薄发，徐学军和同事为保障榆树市主导产业发展交出了圆满的答卷。他们紧密围绕农业生产需求，加强乡村气象服务体系和防灾减灾体系建设，大力开展抗旱增雨防雹工作，为全市粮食高产、稳产提供了优质气象服务。

在他们的努力下，榆树 24 个乡镇全部建立了气象信息服务站和乡村气象信息服务网页，完善了气象灾害预警平台，制定了乡（镇）气象灾害应急准备认证管理办法；组成了一支 412 人的气象信息员队伍，实现了“乡乡有气象协理员、村村有气象信息员”。他们还建成了气象科普示范校、示范村，在气象灾害多发地段设立了“警示牌”，设计印发了“两卡三书”（信息员明白卡、农民防灾减灾明白卡和《榆树市气象灾害防御规划》《榆树市精细化农业气候资源区划》《榆树市农业气候资源图集》）；聘请了 4 名农业专家组成专家联盟；积极创新气象信息传播渠道，通过《每周气象谈》《农业气象站》等电视、广播专栏节目渠道，及时发布天气预报、农业生产实用技术、灾害预警和应急避险等信息，并针对重点种粮大户建立了“直通”气象服务；在各乡镇气象信息服务站和“三资”大厅建立了气象网络、气象电子显示屏和气象服务平台。

10 年辛苦不寻常，相信榆树市气象局的未来一定会有更多的掌声相伴。

（来源：《中国气象报》，2012 年 5 月 18 日，作者：宫卫平）

高山之巅一甲子
——记“全国工人先锋号”获得者长白山天池气象站

在祖国东北边陲，长白山之巅海拔 2623 米处，天池气象站驻扎于此。它一面是火山天池的大美风光，一面是高寒高山的魔鬼气候。60 年来，它记录着天池顶峰的风云变幻，前后百余名气象干部职工在这里倾尽热情、青春，甚至生命，不断续写着追梦的理想和圆梦的奋斗。

一根旧麻绳

走进天池气象站的门厅，就能看到一根三指粗细的旧麻绳。一到大风、大雪或大雾天，天池气象站站长矫祥肇就拿出绳子，一头拴在值班室门上，一头拴在观测场围栏上，方便观测员一天五次的观测有个抓靠，拽着绳子不被风刮倒，还能找回进屋的路。

这根绳子，矫祥肇从前任站长刘继德手中接过来，在站里用了 30 多年。

天池气象站所观测的数据能够代表 700 百帕高度温、压、湿、风等气象要素变化，对于研究东北地区气候，尤其是长白山独特的气候调节作用具有非常重要的意义。然而，在气象站所在的主峰上，一年四季都有大风天气发生，频次密集，持续时间长，最大风力可达 16 级；年平均气温 –7.3 ℃，仅 8 月和 9 月才会出现白天最高温度超过 10 ℃的情况，冬天最冷时低于 –40 ℃；高耸的山峰已达到对流层底部，避雷塔常常被雷击得通红。

“冬季雪大时，积雪能把房屋埋起来，观测人员外出观测、换日照纸都需要挖雪洞，去观测场要打雪道。”退休两年的王国祥是天池站的老观测员，回忆起工作生活，感慨不已。

随着科技进步，天池气象站的业务逐步以“以人为本”的原则进行调整，特别是 2007 年建成自动气象站，采取自动与人工并行观测，既提高了测报质量和工作效率，又降低了观测员的劳动强度。

一座新房子

现今登上长白山主峰，都会远远望见一个“山”字形建筑，它通体深棕色，看起来冷峻坚固，是天池气象站2015年建成的新家。

经历了20世纪50年代的石头房、80年代的泥土房和2002年的砖瓦房，长白山市气象局为职工精心建设了第四代房子，一改从前漏雨透风、人工烧柴取暖情况。它由钢筋混凝土和钢板两部分构成，真正做到了防风防雷防雨雪。

站里常遭遇滚雷，有时就像一个大火球在屋子里乱窜，机器设备也因此被损毁。“有一次雷电击中了一个正在室外观测的同事，他踉踉跄跄跑回屋里问，‘同志们，我还活着么？’”王国祥讲起了过去同事遭遇雷暴的故事。

后来，在省、市两级气象部门的努力下，天池站建设了最先进的防雷设施，把气象仪器的损毁率降到最低。

“早年天池气象人是一个月一封家书，现在工作之余随时可以视频通话。孤独少了，遭雷击的概率也少了。”矫祥肇1999年上山工作，经历过三代房子变迁，体会最深。

一群新青年

在长白山主峰的半山腰上建有一座气象烈士墓，纪念为保护气象资料坠入山谷的老站长隋金堂。他为了气象事业不惜牺牲生命、不怕困苦、甘于寂寞的精神被确立为长白山气象人精神。

“长白山气象局的青年干部都会轮岗轮训，优秀的青年一定要到天池气象站来锻炼能力、磨砺心性，让他们把老一辈天池气象人的精神传承下来。”长白山气象局局长杨环宇说。在青年干部培养工作中，精神传承是重要一环。

天池气象站现有职工5人，平均年龄31岁，也有“90后”青年团员。2017年5月，长白山遭遇暴雪封山，只能靠柴油发电机发电。为保业务用电，他们在冰冷的山顶关闭取暖电阀，矫祥肇带着年轻人把被子铺在一起，人挤人抱团取暖，整整坚持了一周，观测任务没有丝毫疏漏。

“在山上工作不容易，可是想想一代代天池气象人的付出，我们现在的苦根本不算什么。”1992年出生的邓博元在天池气象站工作近3年，除了完成日常观测，还和同事一起钻研旅游气象服务，让老同志感到欣喜的同时，也感受到青年创新的力量。

每年清明节前后，长白山气象局都会组织党员和青年干部到烈士墓前，献花扫墓，重温入党宣言。阳光下每个气象工作者的身影，成为长白山上一道亮丽风景。

（来源：《中国气象报》，2018年5月7日，作者：王灵玲 成坤）

坚持一种“度”的追求

——记“金塔纳减灾奖”获得者上海台风研究所

这是一个很有“高度”的团队。这里有“上海市三八红旗手”，也有“全国五一巾帼标兵”；团队中“潜伏”着一支荣获“青年五四奖”的“野外观测青年突击队”；作为全国唯一从事台风气象研究的科研机构，这个团队因对防灾减灾的突出贡献，被授予台风委员会最高荣誉奖——金塔纳减灾奖。

这个团队对自己的定位是：我们只是一群和台风较劲儿的人，是有“态度”的追风人。

这，就是中国气象局上海台风研究所（以下简称台风所）。

精度

对于团队成员李泓来说，每一次预报过程都是一场追求更高精度的“进阶战”。

“有台风的时候，预报平台设有‘数值预报’值班岗，为台风业务预报服务提供技术保障。我们更了解模式本身的性能，可以为首席预报员提供更有效的台风预报建议。”李泓说。

但一年中更多的是没有台风的日子，陪伴大家更多的是数据、程序和代码。他们需要把大量探测数据资料写进程序，通过高性能计算机运转输出，最后绘成图片，成为可供参考的客观预报产品。这几年来，华东区域高分辨率数值预报不同种类的产品数量已多达上百种，模式空间分辨率不断提高，从 9 千米到 3 千米，再到 1 千米，不断满足精细预报需求。目前，华东区域数值预报系统因为其精准性，已成为预报员眼中的“香饽饽”。

模式的开发是一个需要耐得住寂寞的过程，而业务模式的运维更需要有人 24 小时“随时待命”。一旦出错，运维人员必须第一时间迅速查找和解决问题，保证数值预报产品的及时发布。

功夫在外，精益求精，这是一种追求。

速度

“跑赢台风，我们一直在追求速度，快点，再快点。”这是有着多年野外观测经验的“老兵”赵兵科的心声。

10 年间，行程十余万千米。赵兵科和他的野外观测小伙伴们，多次深入台风登陆点，顶着 15 级以上的狂风，只为获得第一手台风观测资料。

台风去哪里，他们就往哪里追。他们总是赶在台风前，驾着那辆载满 GPS 探空系统、风廓线仪、微波辐射计等“法宝”的移动车，先行一步到达预计登陆点。

追风在外人看来是件刺激好玩的事，但亲历其中的赵兵科会告诉你那有多艰难。比如放探空气球，平时几分钟就能完成充气，在狂风暴雨中，或许需要充上半个小时；或许气球刚充满气，就被一阵狂风带跑。每当此时，只能振作精神再来。“一般情况下，3 小时放一次气球，台风登陆这一夜，基本不睡觉。”赵兵科说。

从 2007 年的“圣帕”到 2017 年的“泰利”，赵兵科和同事一直在“加速度”和台风赛跑。他们离台风越来越“近”，获取了大量宝贵的第一手观测资料。在此基础上，台风所近 5 年先后承担了 20 余项国家级科研课题，在台风结构、强度及台风极端降水成因等领域取得了一大批原创性成果，在国际著名 SCI 期刊发表论文 50 余篇，为提高台风预报准确率奠定了基础。

但他们不满足于此。今年追台风“泰利”期间，台风所首次尝试使用了无人机探测。未来 3 年，他们的目标是将台风野外观测从陆地扩展到近海，拓展到远洋。

挑战速度，无限激情，这是一种追求。

深度

虽然全世界的气象科研人员孜孜不倦地研究台风，但人类对台风的了解或许仍是冰山一角。台风所研究员李永平说，这些年，他们一直在努力走入“台风的深处”。

为了更深入分析海洋和大气的相互作用关系，李永平一有空就会翻看各类海洋资料，研究海洋环境。某个典型的台风来了，他就聚精会神地搜集来自卫星、海上浮标的海量观测数据，放到计算机里进行模拟实验，不断改进耦合模式。这些年，他们仔细研究台风变化的不确定性，研究出台风路径、强度、风、雨的集合预报产品。他们尝试在国际上率先开展火箭探测台风的新技术，多项科研成果取得重大突破。

“目前，我国对于海上台风强度的预报一直停滞不前，这在国际气象领域是个难题。”李永平说。5 年来，台风所一直在啃这块“硬骨头”。他们与国家海洋局有关部门合作，开展“台风强度和海洋环境”系列课题研究。通过海气相互作用物理过程研究，他们从更深层次揭示了台风和海雾边界层大气湍流能量输送方面的一些新事实，有效提高了对台风强度的模拟和预报能力，应用和参考价值极高。

潜心为道，不欲以静，这是一种追求。

探索自然规律时的务实态度，探求科技新知时的创新态度，开展基础研究时的严谨态度……这群有“态度”的追风人正凭借实力逐步在国际舞台上显露锋芒，而他们对科研“高度”的追求，也将永无止境。

（来源：《中国气象报》，2018 年 1 月 18 日，作者：冯丽丹　王瑾）

“不回家”的人
——记“全国五一劳动奖状”获得者浙江省气象台

有一个集体，他们不是战士，但每天都在和“莫测的风云”战斗；他们不是医生，但他们的“诊断”却字字千金，不知挽救过多少百姓的生命；他们不是参谋，但他们精心制作的决策产品，却真正扮演了政府防灾减灾的好参谋角色。这个集体就是浙江省气象台。

在连续多年获得中国气象局“重大气象服务先进集体”、共青团浙江省委“青年文明号十年成就奖”等荣誉的基础上，该单位 2009 年获得第四批“全国精神文明建设工作先进单位”称号，2010 年和 2011 年分别获得浙江省总工会颁发的“工人先锋号”和“五一劳动奖状”，近日又光荣地被中华全国总工会授予“全国五一劳动奖状”。

预报是一种力量

浙江是气象灾害重省，台风是影响浙江的主要灾害性天气。浙江省气象台和时间赛跑、与天气同行，预报准确、服务主动。

掀起惊世狂飙的“云娜”、诡异的“麦莎”、创造诸多纪录的“桑美”，带来了各方面的挑战。面对挑战，浙江省气象台从台风生成之时起就加强值班，密切关注其强度、移动路径等动态，充分运用多普勒雷达、卫星、中尺度监测网、视频会商系统等气象现代化建设成果，对每一个台风的移动路径、风雨影响等都做出了准确的预报。预报内容不仅与实况吻合，而且时效性强，为抗台救灾争取了宝贵时间。

比台风更考验人的是梅汛期的连续暴雨，一场一场的暴雨就像是永不停歇的考试，需要预报员用顽强的意志和精湛的技术给出令人满意的答卷。2011 年梅汛期 17 天内出现了 16 个暴雨日，钱塘江出现 1956 年以来最大洪水，浙江省气象台滚动预报，强化预警，组建移动气象台进驻金华、衢州、新安江水库等地，开展现场服务；同时，以图形图像和数字化形式向下级气象台站、防汛减灾部门及公众提供10分钟更新一次的1小时、3小时网格化定量降水预报产品。

预报图表在各级防灾部门广泛应用，成为各级党委、政府防洪抗灾决策部署中的“热门彩图”。省领导在指挥部署全省防洪抗灾工作时，多次查看图表，并对其在暴雨预警中发挥的决策参考作用给予高度肯定。浙江省气象台发布的逐小时地质灾害气象风险等级预报预警图，也成为各级政府防范山洪地质灾害的“消息树”和“发令枪”。

服务是一种责任

让气象信息飞入平常百姓家是浙江省气象台坚持的宗旨。浙江省气象台一直不断增强气象服务的主动性、前瞻性、适应性和针对性，为政府分忧，为民生服务。预报内容直接从民生需求出发，并把群众对气象工作的满意度作为推行民生气象的最主要标准。近年来推出了乡镇要素精细预报、灾害天气日报、雷暴潜势预报、交通气象预报、城市气象指数预报等产品。开展了公众服务满意度调查，调查满意度在90%以上。

该单位近年来积极响应浙江省委、省政府的海洋经济战略，围绕浙江海洋经济发展示范区建设为民服务：针对渔民出海捕鱼往返一趟一般需要4～7天的实际需求，增加了海上大风海雾中期天气趋势预报产品；丰富了“台风报告单”内容，提高报告单发布频次，保证政府和公众全面及时了解最新台风信息。现在该单位已建立了包括台风动态、海洋天气预报、东海海区风力等级预报图、浙江责任海区风力等级预报图等20余种监测预报产品在内的海洋气象业务产品体系，大大提高了预报预警能力。

创新是一种追求

浙江省气象台把科技创新作为推进气象现代化的第一推动力，围绕提高预报准确率、精细化，组织预报技术人员加强对工作中的技术难点进行破解。高科技的发展创新使气象预报准确率稳步提高。2011年该单位晴雨24小时预报准确率比2006年提高了6.3个百分点，台风24小时路径预报误差比2000年年初缩小20千米；气象预报产品日益丰富，由建台初期的几种发展到目前的近百种，初步建立了数字化、网格化、精细化预报产品体系。

随着科研能力稳步提高，近年来该单位承担了多项科学研究任务，其中1个课题获得教育部科技进步二等奖，3个课题分别获得省科技厅科技奖二等奖、三等奖。此外，业务小改造小革新有近百项，解决了许多业务实际问题。获得了中华全国总工会授予的“全国职工创新示范岗”称号。

创新也带动了该单位干部职工队伍素质的提高，近五年来共有 9 人次获得省部级先进个人表彰，1 人获得省级“优秀共产党员”称号，1 人获得“全国优秀科技工作者”称号，1 人获得“浙江省技术能手”称号。

坚守是一种天职

“他们是一群不回家的人。”台风过后，见识了气象台工作的媒体记者们这样称呼浙江省气象台的工作人员。众志成城、夜以继日、连续作战，是该单位多年的优良作风。每当梅汛期和台汛期来临的关键时刻，全台人员一切以工作为重，从台长到普通职工，都自觉自愿做好各项工作。有的同志连续三天两夜不合眼，奋战在预报服务第一线；有的同志生病输完液就赶到气象台加班；有的同志身怀六甲仍在一个个暴雨过程中坚守岗位；有的同志顾“大家”不顾“小家”，台风即将在家乡登陆，由于忙碌也来不及事先和家乡的父母问平安。因为大家深深知道，只要多尽一份力，就可能使人民的生命和财产少受一点损失。

正是这样的工作氛围，培养了大家的奉献精神，也树立起了当代浙江气象人的新形象。

（来源：《中国气象报》，2012 年 5 月 4 日，作者：张子涵 赵小兰）

多一份用心 多一些努力 多一点创新

——记“全国工人先锋号”获得者安徽省公共气象服务中心公众气象服务科

“全国工人先锋号”“安徽省工人先锋号”“青年文明号”“全省气象系统先进集体”……

走进安徽省公共气象服务中心公众气象服务科（以下简称服务科）的会议室，一块块金字奖牌引人注目。铸就荣誉的，是集体里每一位成员敢于把责任扛在肩上的担当。他们在最美好的年华里，创造着属于自己，更属于集体的光荣与梦想。

“我们只不过是在做细做实做好日常工作的基础上，再多一分用心、多一些努力、多一点创新而已。”面对荣誉，服务科科长刘承晓这样说。

近年来，服务科秉承“以人为本、不畏艰难、甘于奉献”的信念，承担着气象灾害预警发布，公众气象服务产品发布以及提供交通、旅游、电力专业气象服务等任务，他们利用新媒体搭建起气象部门和社会公众的沟通桥梁，为公众提供全方位多渠道的气象信息。

信息发布关键时刻不掉链子

2018 年初，暴雪袭击了江淮大部分地区。

雪情就是命令！安徽省气象局快速反应、主动服务，寒潮、暴雪、道路结冰等预警信号连番升级。服务科承担全省范围内的气象灾害预警信息发布任务。为了保障信息发布畅通无阻，服务科制定了“人不离岗，岗不断人”的“铁律”，确保突发情况迅速处理，实现预警信息 5 分钟反应，10 分钟内发送到应急责任人和公众手中。

1 月 3 日 19 时，地面已经有了一层厚厚的积雪，服务科的长明灯在漆黑的雪夜里显得格外温暖。负责发布预警信号的“90 后”女孩周芮琪说：“我不准备睡觉了。刚刚变更的暴雪预警信号得抓紧发布出去，预报也要更新数据，微博粉丝都在等着回复，关键时刻可不能掉链子呀！”

此轮暴雪天气过程中，短短五天，服务科仅通过短信发布的预警信息就达 58 万人次。这只是服务科众多故事中的一个——在每次天气过程里，一条条预警短信、一期期天气专报、一篇篇微博推文都经过了科室成员的指尖。

探索新媒体让服务更高效

“江淮气象”是服务科负责更新推广的新浪微博账号，为广大网友提供快速准确的天气资讯和点对点的气象咨询答疑服务。

2018 年 3 月，“江淮气象”推送的一篇关于强对流天气的帖子，在一个小时内就获得了上万次阅读量及点赞数。作为省级气象部门的权威发布平台，“江淮气象”从当初仅有几十名粉丝，到现粉丝数达 57 万之多，在安徽省政务微博排行中长期位于榜首。

“新媒体的运维成效与团队的长期努力付出是分不开的。年轻化的队伍呈现出积极向上的风貌，大家用心对待粉丝的每一条评论，科学解答、及时回复，不断提升服务能力。”服务科副科长张宁说。

随着编辑团队里“90 后”年轻人不断加入，“江淮气象”除了发布图文并茂的气象预报之外，还会发布一些有趣的生活百科、科普知识等，并将线上互动延续到线下。

开拓创新显先锋本色

在做好传统工作项目的同时，服务科也在不断探索专业、专项服务的思路和方向。

“高速交警气象卫士”是服务科负责更新维护的手机客户端，专为全省高速交警量身定制气象服务。运行三年多来，客户端共发布专报 88 期、预警短信 4 万多条，在高速公路交通运行、管理中发挥了重要作用。

2017 年夏季，针对安徽优质的避暑旅游资源，服务科与多家单位联合打造“寻找安徽避暑旅游目的地”气象服务品牌。首批入选的 8 处避暑旅游胜地多位于自然环境优越的山区腹地。该品牌也促进了安徽生态旅游品质提升和地方绿色经济发展，迅速成为当地旅游发展的名片。

荣誉面前不止步！在气象这片广阔的沃土上，团队成员将继续进取，精心躬耕、厚植希望，把“全国工人先锋号”的荣誉化作能量，共筑优秀先锋团队。

（来源：《中国气象报》，2018 年 5 月 8 日，作者：沙娴 王兵）

山高人为峰 旗帜长飘扬
——记“全国五一劳动奖状”获得者九仙山气象站

九仙山气象站，在这里，书写过多少高山传奇，缔造过多少业绩辉煌？而今，九仙山气象人又在以怎样的面貌，感应时代脉搏，吹响前行号角呢？首次荣获“全国五一劳动奖状”，三度荣膺“全国文明单位”，获得“福建省先进基层党组织”“福建省十佳职业道德先进集体”等众多荣誉，就是对他们扎根高山、观风测雨、默默无私的高度肯定。

老站换新颜 阔步新起点

“虽然我们是福建省唯一的高山气象站，与风雨为伍，与雷电相伴，可我们不再闭塞，沟通无处不在。”九仙山气象站站长连明发高兴地说。

九仙山高清视频会商系统今年正式投入业务运行，并圆满完成与福建省委副书记陈文清、副省长陈荣凯的视频通话。这是福建省首个县级高清视频会商系统，也是福建省气象局重视基层台站业务建设的一大举措。

福建省气象局局长董熔在九仙山气象站检查工作时说：“九仙山气象站观测业务至关重要，省气象局在九仙山气象站配备高清视频会商系统，旨在强化九仙山气象站与外界的联通，开拓学习领域，增进交流沟通，提高业务素养。”

九仙山气象站不仅在软件上获得了升级，在硬件环境上也获得了极大改善。2009年年底，九仙山气象站城关生活基地的修建完工，极大改善了干部职工的居住条件，方便了干部职工子女就学，解除了干部职工的后顾之忧，为增强干部职工的凝聚力、战斗力，营造团结和谐的事业发展环境提供了保障。2010年，建筑面积达200平方米，可供20多人同时阅览、参观、学习的九仙山气象站职业道德教育基地竣工，获评“福建省气象部门廉政文化建设示范点”和“泉州市科普教育基地”，至今已接待几千人次的参观学习。

2012 年，泉州市委书记徐钢到九仙山气象站慰问时，当场叮嘱有关部门支持加装气象站暖气设施，改造拓宽通往气象站的道路，并研究解决职工津补贴问题。

老骥也奋蹄　倾力“传帮带”

连友朋是九仙山气象站的老职工，在山上驻守 40 多年了。早上 7 点半，老连走到观测场，仔细巡视了观测仪器，摸一摸、擦一擦，就像对待自己的儿女一般。几十年来老连“一成不变”地做着“规定动作”，这时他还会耐心地观察一下九仙山的“天气现象”。“九仙山风云多变，四时不同，我们得多用点心。”老连常常这样对年轻的测报员说。做完观测，在拍发天气预报的时候，老连总是多看几下、多校对几遍。“干测报，一定要细心，要规范。”老连总是这样不厌其烦地“教导”年轻人。老连是公认的测报能手，他经常琢磨着提高自己的“功力”，并将学会的“新招”毫不保留地教给其他人。新来的小郑说：“我们的前辈在工作、为人处世方面都是楷模，我们在这里生活工作很开心，尽管环境有点艰苦，但得到的是更多的关心和爱护，和谐融洽的氛围也让我们倍感温暖。”

赖开岩、林玉仙等老一辈气象工作者的无私奉献，为九仙山气象站赢得了众多的荣誉和肯定。如何传承和弘扬九仙山气象人精神，让九仙山鲜红的旗帜永远飘扬，是摆在九仙山气象站前进道路上的一大考题。“事业发展需要人才，人是科学发展的关键因素”，这个看似平凡的决策，为九仙山气象站的可持续发展写下了浓墨重彩的一笔。从 2008 年至今（2012 年 7 月），先后有 7 名大学生到九仙山气象站报到。如何让新生力量适应环境、发挥作用是亟待解决的难题。而此时，老前辈站了出来。

“随着年轻人对高山环境的适应，有的人已经可以很好地完成测报业务了，还有的人多才多艺，在一些活动中都充分展现了我们高山气象人的风采。”连明发欣慰地说。年轻同志小林参加的课题项目在 2010 年“第八届中国·海峡项目成果交易会”参展，并获评国家专利。在 2009 年至 2012 年泉州市气象系统连续两届文艺会演中，年轻人更是以街舞、小品和相声等节目展示了青春的激情。副站长陈为德动情地说：“从他们身上，我似乎看到了老一辈九仙山气象人的影子。”

扬红色党旗　绽文明之花

坚定的信仰与精神的指引总是给人以无穷的力量。多年来，九仙山气象站以构建学习型党组织、创先争优和“大干150天”活动为契机，以“抓业务、重安全、保质量、上水平”为主题，以“提升气象测报业务水平”为载体，积极开展岗位练兵、业务技能竞赛、青年读书漂流和青年志愿者行动等活动，促进党员干部队伍建设，激发党员干部创业热情。2010年，全站测报业务质量零错情，居全省前列。2009年至2010年，九仙山站被评为“德化县党建工作示范点”及“创先争优典型”。

九仙山气象站将文明创建与党建、思想政治教育、业务工作等相结合，通过学习先进典型、老一辈气象人先进事迹和赖开岩烈士的献身精神，教育激励全站干部职工克服高山地理环境、恶劣气候和艰苦的工作生活条件等挑战，认真履职，勤奋工作。通过成立九仙山气象站青年志愿者服务队等促进文明传播，有序开展送温暖、献爱心活动。自2005年以来，九仙山气象站连续三届被评为“全国文明单位”。

“山高人为峰，海阔扬帆行”，九仙山气象人从没有停止奋斗，从没有停止前进。“扎根高山、矢志不渝”既是九仙山气象人创立事业的优良传统，更是他们同心协力、争创一流动力的不竭源泉。

（来源：《中国气象报》，2012年5月4日，作者：吴远志）

“五个满意”的背后
——记“全国五一劳动奖状”获得者福建省气象台

凭借着“决策服务让领导满意，公众服务让社会满意，指导服务让基层满意，专业服务让用户满意，专项服务让客户满意”的突出表现，福建省气象台被授予2013年“全国五一劳动奖状”。

在福州乌山顶上的省气象台“大本营”里，从事观云测天的是怎样的一群人？

凡事做表率的领导班子

火车跑得快，全靠车头带。福建省气象台台长邓志一直身教重于言教，在工作中严于律己、率先垂范。作为“一把手”的他，每天坚持早起，与值班预报员一起参加天气会商。在他的带领下，福建省气象台不仅业务水平过硬，工作氛围也极其和谐、融洽。通过全台职工的共同努力，福建省气象台多次受到福建省委、省政府和中国气象局的表彰。

副台长吴晓荃看上去单薄、文弱，但干起工作来却吃苦耐劳，巾帼不让须眉。2010年，福建省灾害性天气种类多、强度强、范围广，影响时间较长，全年台风、暴雨等灾害性天气应急值守时间长达55天。为了向公众提供准确的气象服务，她放弃休息时间，夜以继日地工作。灾害性天气过程结束后，她却病倒了。躺在病床上的她依旧不忘工作，甚至把医院的病床当成了工作台。

副台长刘铭是个业务型的人才，而副台长张长安则有着年轻骨干的冲劲。大家各负其责，关键时刻能互相顶上；但面对荣誉时，却互相谦让。

乐于奉献的党员模范队伍

省气象台现有党员34名，占全体职工的一半还多一点。这是一支乐于奉献的队伍，是气象预报业务的主力军，他们在各自的工作岗位上发挥着先锋模范作用。

总工程师刘爱鸣长期监视灾害性天气的发生与发展，时刻紧绷预报服务这根弦。特别是在灾害性天气来临时，无论何时，身在何处，她只要得到消息，就立即赶赴预报一线。为此，她放弃了许多休息时间，经常通宵达旦地与预报员一起工作。近几年，登陆或影响福建省的台风不下 70 个，刘爱鸣都参与把关工作。她说，每一次的台风预报都是一场考试，让她品尝到风雨变化所带来的喜怒哀乐。刘爱鸣平时还非常乐意指导年轻人，大家经常说：“只要爱鸣在，我们就像有了主心骨似的。”

老党员任汉龙是首席预报员。2010 年 6 月，南平市出现罕见暴雨天气，所辖武夷山市、延平区、顺昌县的日雨量均打破历史纪录。刚刚值完一周预报班的他得知受灾区急需业务指导后，顾不得休息，就跑去向领导主动请缨。一到南平市气象台，老任就径直坐到会商台前，与当地预报员分析天气形势，查看雷达资料，会商预报结论……这一坐就是 3 天！同志们都劝他注意休息，他却总是微笑着让别人先休息，自己一直守在会商台，悉心指导年轻的预报员，协助南平市气象台进一步做好精细化预报。可谁也不知道，他正忍着高血压、偏头痛的病痛，偷偷吃药。坚持到强降雨稍有减弱后，老任又马不停蹄地赶回福州主持全省的天气会商，刚刚发言结束，他便突发心绞痛，几乎昏倒。可他仅仅休息了半天，下午又悄悄地出现在气象台。

敢打硬仗的职工群体

暴雨、台风、强对流等灾害性天气每年都会光顾福建，预报员们时刻准备着投入到对抗自然灾害的“预报战役”中。

在小小的值班室里，常常上演着一场场没有硝烟的战争。虽然没有刀光剑影，却不乏惊心动魄之势。在这里，有废寝忘食、有条不紊指挥业务工作的台领导，有经验丰富、认真分析，随时准备汇报材料的首席预报员，有从容淡定、充满自信的领班预报员，还有 24 小时在一线连续值班的主副班预报员……

在观测场上，无论风有多大、雨有多猛，观测员们都会顶风冒雨，穿上淋湿的雨衣，撑起单薄的雨伞，及时完成各项观测任务。

有时巨雷轰鸣，闪电犹如在身边炸开，暴雨倾盆而降，可为了提供准确的气象信息，即便冒着生命危险，他们也会毫不犹豫冲进电光雨幕中，在不平静的天气里完成平凡的工作。

在重大灾害性天气面前，长乐雷达站的男子汉们无数次“无情”地抛下自己的小家，专心投入到工作中。道是无情胜有情，正是因为有他们在废寝忘食、忠于职守地工作，那令人生畏的台风及各种灾害性天气才一次又一次地被锁定在气象人的视野中，才能给防范灾害性天气提供科学依据，才能把灾害带来的损失降到最低。

据不完全统计：2010 年至 2012 年 5 月下旬，福建省气象台对 46 次暴雨过程、13 个台风或热带气旋的影响或登陆都提前做出预报，共发出重要天气报告 255 份、重要气象信息专报 351 份、短时强天气报告 618 份，重要专题气象服务 71 份、专题气象服务 294 份；省级发布警报 2076 次，发布各种预警信号 761 个，公益短信 1181 多万条次。省委、省政府领导在省气象台提供的天气预报文稿上直接做出防灾抗灾批示 26 次，各类服务材料被外部门引用 1650 次。

这些数据反映了福建气象人的劳动成果，凝聚着他们的心血。一直以来，无论是低温阴雨、寒潮、干旱还是台风、暴雨，他们都争取提前做出准确预报，特别是重大灾害性天气过程，力争做到不错不漏，为省委、省政府和省防汛办及各级负责人全面部署防灾抗灾赢得宝贵时间，为最大限度减少灾害造成的损失提供优质气象保障。

（来源：《中国气象报》，2013 年 5 月 6 日，作者：王芳 施永强）

坚守在防灾减灾第一线
——记“全国工人先锋号”获得者江西省气象台中短期预报科

近日，中华全国总工会授予江西省气象台中短期预报科“全国工人先锋号”荣誉称号。

作为全省天气预报的指挥中心、气象部门对外服务的重要窗口，江西省气象台中短期预报科的成员 365 天坚守防灾减灾第一线，为省委、省政府应对重大自然灾害提供重要科学依据。他们以坚定不移的崇高信念、勇于开拓的革命胆略、实事求是的科学态度、敢于拼搏的奉献精神、艰苦奋斗的优良作风，努力服务江西经济社会发展，充分体现了气象部门在防灾减灾中的排头兵作用。

据省气候中心统计，气象灾害每年给江西带来的损失约占国民经济总产值的 5% 至 8%，气象灾害严重的年份可达 15% 至 20%。

2015 年 6 月 7 日至 9 日，江西遭遇强降雨，恰逢高考期间，及时准确给出预报信息显得非常关键。3 日，省气象台中短期预报科预报员果断将暴雨灾害预警级别提升到三级；4 日，省气象台召开高考天气专题新闻发布会，指出 7 日起省内部分地区会出现暴雨，考生及相关部门应做好准备。

如预报信息所示那样，6 月 7 日，强降雨如期而至。6 月 8 日 20 时，江西省气象台会商室的电话频频响起，乐安河告急，昌江告急，赣东北告急！“是中短期预报科吗？我是婺源县气象局值班员。现在多个地区已出现严重内涝，请求技术支援！”“雨已经下了多少毫米？还要持续多长时间？”“目前婺源已经下了 171 毫米，降水还要维持 12 小时，预计还有 50 毫米以上暴雨。应建议地方政府紧急转移群众。”预报员周芳果断给出预报意见。

这是 2015 年入汛以来江西出现的第 12 次暴雨过程。预报员们忙而不乱，认真订正暴雨落区图，制作要素预报产品，提供地质灾害等级预警信息，并逐县进行电话指导，及时通报联动部门，更新预警信号，开展科普宣传。尽管雨情严峻，但由于预警及时、措施得当，全省高考未受到较大影响。

省气象台中短期预报科共有 15 人，平均年龄不足 32 岁，35 岁以下成员占 80%，成员中有一半在预报岗位工作不足 5 年，可为什么这支年轻的队伍能取得突出成绩？

这与两位国家级首席预报员、正研级高工许爱华和尹洁密不可分。

强对流和暴雨是江西省灾害性天气预报中的重点和难点。许爱华和尹洁分别是国家级强对流、暴雨预报团队主要成员，也是江西省强对流、暴雨预报团队负责人。她们将多年预报经验进行归纳整理，转化成专家系统，建立具有本省特色的、便于推广应用的强对流、暴雨、大雾等客观预报方法，其中，强对流分类预报填补了国内空白，达到领先水平。

“许首席已经50多岁，但患有严重腰病的她仍经常加班工作，除预报业务外，每年都有论文、研究成果出来。比许首席还大几岁的尹首席，工作起来也非常拼。2013 年有一次连续暴雨过程，尹首席连续 6 天吃住在单位，这种值班强度很多年轻人都受不了。”预报员郑婧说，两位首席预报员吃苦耐劳、甘于奉献的工作精神潜移默化地激励着年轻预报员；而她们刻苦钻研业务技术、严谨治学的态度，也引领整个团队始终坚持学习。老同志认真严谨，年轻人谦虚好学，在这种环境下，团队得以快速成长。

5 年来，该团队共申报获批地厅级以上科研项目 32 项，其中省部级项目 8 项，有 4 项科研成果先后获江西省科技进步二、三等奖。依托项目成果研制出的江西大雪、冻雨预报技术方法，江西大雾预报方法，暴雨和强对流天气预报方法等，有效提高了江西省灾害性天气预报的准确率。该团队还研发出乡镇精细化预报平台、精细化格点预报平台、预报质量检验评定系统等，既提高了工作效率，又借此提高了气象服务水平。

5 年来，他们对全省出现的 91 次重大灾害性天气过程，均做到提前两天以上给出准确预报，并及时开展气象服务。他们向省委、省政府及有关部门报送了 1287 期决策气象服务材料，其中，71 次获省委、省政府领导批示，106 次获有关部门转发；对外发布气象灾害预警信号 1036 次，与国土部门联合发布地质灾害气象风险预警 80 期，安排转移受威胁地带群众 40 余万人次，有效避免人员伤亡 8078 人。

（来源：《中国气象报》，2016 年 5 月 10 日，作者：吴静 唐春燕 邓敏佳）

服务民生 建功立业
——记“全国工人先锋号”获得者武汉区域气候中心

武汉区域气候中心引领职工争创先进团队，激发职工创一流工作、一流服务、一流业绩、一流团队，为湖北气象事业的发展做出了应有的贡献。近年来先后多次荣获“省级文明单位”“湖北省工人先锋号”称号，2011 年“五一”前夕，又被中华全国总工会授予“全国工人先锋号”的光荣称号。

以民生需求为本

武汉区域气候中心主任刘敏告诉记者，在经济结构的调整与现代农业发展过程中，在发展绿色经济、循环经济和低碳经济过程中，在湖北“两圈一带”战略深入推进、武汉城市圈“两型”社会建设和湖北省低碳试点建设中，蕴涵着对气象服务的更多需求，武汉区域气候中心必须紧紧围绕民生需求，大力开展短期气候预测、气候监测检测、气候影响评估、生态与农业气象、气候应用、卫星遥感等业务服务与研究工作。

武汉区域气候中心鼓励技术人员加强对工作中的技术难点进行研发，服务社会发展。该中心把提高预测预报准确率作为工作的重中之重。他们加强物理机制、高影响因子和预测方法研究。在常规因子资料外，开发利用向外长波辐射（OLR）、全球地表温度、高空风场等资料，建立了与长江流域、华中地区夏季降水关系模型，引进了区域气候模式，开展了动力气候模式产品释用，完善了基于奇异值分解（SVD）和经验正交函数分解（EOF）方法的区域预测模型和基于最优子集回归的预测方法开发。他们还开展了多种延伸期过程预报方法研究，并应用于 2010 年冬季预测和春播服务，准确预报出冬季气候趋势及过程。他们还加强短期气候预测系统建设，建立了动力气候模式产品释用平台、武汉区域短期气候预测数据分析系统、长江流域旱涝趋势预测系统等。该中心准确预测了 2009 年、2010 年汛期、梅雨、盛夏降水温度趋势、关键农事季节趋势等。

此外，该中心还积极提高极端天气气候事件监测和评估能力，编写了长江流域旱涝监测检测预测评估工作方案和业务系统建设方案，开展长江流域气象服务。2009 年至 2011 年 4 月，该中心科技人员共完成论文 55 篇，发表论文 25 篇，其中核心期刊 38 篇，并有多个优秀科研项目获奖，一批中青年骨干成为行业领域的专家。

以提升影响为先

武汉区域气候中心高标准、高质量做好常规业务服务工作，制定业务产品质量考核管理办法，2009 年至 2011 年 4 月共发布《湖北气候公报》21 期，农气旬月报、重要农业气象预报定期与不定期产品 249 期，2010 年 8 月起向九宫山风电场发布风电量预报 27 期。

该中心围绕关键期气候预测、热门领域气候影响评估、气候资源开发、农事关键季节气象预报等重点问题开展决策气象服务工作。2009 年至 2011 年 4 月，共完成《重大气象信息专报》材料 21 期，其中决策服务材料《预计 2010 年我省气象灾害中等偏重》《关于我省风能资源模拟评估情况的报告》等得到省委领导的批示。省农业厅依据该中心预测紧急下发《关于加快做好油菜抢晴收割工作的紧急通知》和《关于做好小麦抢收工作的紧急通知》，要求各级农业局，加强组织领导，采取有效措施，确保丰产丰收。

该中心还充分利用各大媒体发布公众关注的气候事件监测事实、气候变化事实等相关信息，发布权威气象信息，做好气象服务工作，提升公众对气候的认识程度，尤其是极端异常天气和灾害的认识程度。该中心还被中国气象局确认为全国首批拥有气候可行性论证资格的 9 个单位之一。

以团队和谐为上

武汉区域气候中心党委十分重视文明创建工作，坚持外树形象、内强素质。2010 年 6 月，该中心第一党支部被评为“湖北省气象局先进党支部”，两人被评为湖北省气象局优秀共产党员。该中心先后与通山县气象局、五峰县气象局开展了以精神文明建设为切入点的全方位对口交流合作活动。

该中心大力开展共青团活动，推广“导师制”，通过举办旬会商等业务活动，促进青年提高业务工作能力，引导青年成才。

2009 年以来，以该中心为依托组建华中区域气象灾害影响评估团队，开展冰雪冻害、暴雨洪涝、干旱、高温热害等气象灾害风险评估和影响评估技术与方法研究，分灾种、分行业开发建立气象灾害影响评估模式和评估系统，相关技术方法和系统在全国或者区域内推广应用。老河口市暴雨洪涝、干旱、大风冰雹、雷电等灾害的风险区划成果在 2010 年春季全国农业生产春耕现场会得到了展示，得到国务院领导好评。

（来源：《中国气象报》，2011 年 5 月 5 日，作者：刘立成 周芳 吴心 王芳芳）

驭风前路远 心向海天蓝

——记“全国工人先锋号”获得者广东省气象台

广东，位于南海之滨，独特的季风气候给这片土地馈赠了丰饶物产，也使其成为台风登陆最多、雷电灾害最多、汛期最长的省份。

面对挑战，广东气象防灾减灾交出不俗答卷。2018 年，广东省气象灾害及其衍生灾害造成的死亡人数和经济损失较过去 5 年同期平均值分别下降 60% 和 19%，灰霾日数创近 30 年最低。

这张民生成绩单的书写者中，有一个隐于幕后、默默奉献的集体——广东省气象台。

第一道防线的担当

“台风最有可能在哪里登陆？”“八级风圈影响范围有多大？”“登陆后风雨影响持续多久？”2018 年 9 月，台风“山竹”登陆前夕，面对关乎防灾部署的一道道关键命题，林良勋一遍遍调看资料，一次次陷入沉思。作为专业技术总师的他深知，有效的决策服务信息，离不开气象科技和自身经验的有效融合。

省气象台副台长汪瑛脚踝扭伤，拄着拐杖坚守岗位。首席预报员们全员上阵，共同研判。“一线预报员碰到灾害性天气最紧张，就算不值班，也会自觉到岗。”

另一位首席预报员伍志方，每隔一小时连续接受媒体直播采访，向公众解读台风最新动向，提醒做好防范。

最终，及时精准的预报服务，助力广东在应对台风“山竹”中实现“重大灾情无重大伤亡”的目标。消息传来，气象台里一阵欢呼。彼时的他们，已为应对台风“百里嘉”“山竹”连续战斗十多天。

这种紧张与忙碌，已成为广东省气象台的汛期常态。在灾害防范中，气象部门处于“第一道防线”。在广东，省气象台扛着“第一道防线”上“先遣队”的责任担当。

这支“先遣队”中，有预报经验超群的“技术大拿”，有一年200多天坚守岗位的“拼命三郎”，有科研与业务双通的精兵强将。

突破核心技术的“匠心”

精准预报离不开“硬核”实力的支撑。多年前，广东省气象部门的年轻人们就梦想着建立一个全新的天气预报业务模式，并将之命名为SAFEGUARD（守护），寓意守护南粤大地平安。

从2008年开始，他们不断探索，建立起精细化网格预报业务体系，为如今的智能网格预报业务奠定坚实基础。

广东省气象台承担着其中的核心技术开发工作。以自主研发的技术系统为核心，省气象台推动建成了无缝隙、精细化、高效集约的省市县一体化数字网格天气预报业务体系。从2008年开始研发到2015年正式业务化，历经7年，广东终于在全国率先开展精细化网格预报业务，实现了网格预报“从无到有”的历史突破。

广东省气象台智能网格预报业务团队负责人罗聪表示，这一核心技术的突破，只是起点。带着“匠心”，他们将持续研发国内领先的灾害性天气监测预警预报技术，为防灾减灾贡献气象力量。

不懈探索创新的追求

2006年，广东省气象台在全国首发灰霾天气预警，为大气污染防治提供科学指南。省气象台认真指导和支撑市、县气象台站发布灰霾预警信号，12年来共发布灰霾预警信号1473站次。

这是广东省气象台结合新需求守正创新、不断探索的举措之一。多年来，省气象台还与环保部门建立了大气污染联席会商制度，联合发布空气质量预报；以精准预报为人工影响天气作业提供全流程支撑；深入挖掘生态气象资源潜力，为全域旅游气象服务和精细化为农服务提供支撑。

此次获评全国“工人先锋号”，是广东省气象台获得的第四个“国字号”荣誉。驭风前路远，心向海天蓝，广东省气象台将继续开拓进取、砥砺前行。

（来源：《中国气象报》，2019年5月9日，作者：杨群娜 张光宇）

蓝色国土的忠诚“哨兵”
——记“全国工人先锋号”获得者珊瑚岛气象站

珊瑚岛气象站这支由 9 人组成的队伍并不庞大，却传递着坚韧的力量；他们很平凡，却履行着崇高的职责。怀着如士兵一样的家国使命，他们以气象“哨兵”的名义忠诚守卫在祖国南端的边远小岛。

使命代代传承

珊瑚岛位于我国西沙群岛永乐群岛中永乐环礁西北部，濒临南海主航道。1974 年 4 月，我国在西沙永乐群岛自卫反击战中乘胜收复珊瑚岛，并在次年 1 月 1 日成立珊瑚岛气象站。自此，一支气象“哨兵”队伍便担起祖国南海气象观测和气象服务的重任。

建站后，我国在南海小岛的气象资料不再是空白，南海海域的中国渔民也可以顺利接收气象信息。更重要的是，中国人民解放军在南海前线的指挥、布防及战术反应，以及海监、渔政等地方职能单位，都有了宝贵的气象资料。

南海还是“台风走廊”，珊瑚岛气象站作为前哨阵地，可以更好地探测南海各海域的台风动态，为防台风部署、海上避险等工作提供更准确有效的信息。

然而，做到这些绝非易事。珊瑚岛地理位置较南海其他岛屿更偏远，没有固定时间的运输船，交通极为不便，岛上除了气象站的工作人员以外就是驻岛部队，没有常住人口。早期，工作人员上下班只能乘坐渔船，跟随渔民在海上漂半个多月才能到达珊瑚岛，每一次换班都艰辛之极。

自 2012 年三沙设市后，交通条件有了改善。从文昌清澜港出发，乘坐补给船“三沙 1 号”经过 15 小时航行可抵达永兴岛，然后换乘渔船或部队炮艇，9 个多小时即可抵达珊瑚岛。

时光流传，船换了，乘船的人也变了模样，从青年到老年，从一代换成下一代。可是面对困难，岛上的每一代气象工作者都有一个如一的信念：这是工作，环境再恶劣，也得有人干，谁让我们是气象人呢。

没有克服不了的困难

无常住人口，没有人经商，有钱也买不到食物。这就是岛上气象工作者长期面临的环境。

“物资只能靠每个月或更长时间一趟的渔船补给，站里只能存放南瓜、土豆、洋葱、冻猪肉等耐放的食物，根本吃不到新鲜蔬菜。”珊瑚岛气象站站长林正扬说。在这样的环境中，岛上很多职工营养不良，平时在岛上工作的 3 位同志不得不在保证完成值班任务的情况下，轮流下海捕鱼或拾一些海产品，以保障生活。

以前，在珊瑚岛上做饭用的都是收集来的雨水，导致每个人都患有肠胃炎和胆结石；洗漱用的水都是打井抽的地下水，由于含盐量高且矿物质超标，好多年轻小伙子年纪轻轻便头发稀疏。“老了估计个个都是秃顶。”大家私底下都打趣说。

“在岛上不敢生病，平时我们都要学会一些自救技能，但遇上急性病情真是不敢想象。”珊瑚岛气象站副站长黎钧说，“2007 年站里有一位同事得了急性阑尾炎，岛上根本没有医疗设施，部队医务室也只是配备一些简单的药物，幸好地方政府和部队及时救援，用直升机将人送往三亚地方医院做了手术，不然后果不堪设想。”

直到 2011 年底，岛上的环境才大为改善。当年，海南省气象局排除困难，在珊瑚岛气象站新建了办公楼和职工宿舍，并安装了空调、电视等设备。员工们终于告别了四处漏水、钢筋暴露的危房。

当然，最难克服的还是与家人的分离之苦。站上大多数职工都是单身，三个成家的也是与家人聚少离多。“说句实话，我也想家。”黎钧每每提起家里，眼神里都透着几许忧伤。记得妻子要临产的时候，由于岛际换班船极少，赶到家时，孩子都快一个月大了，他心里满满都是对妻儿的亏欠。

没有花前月下的浪漫，甚至连父母生病也不能床前尽孝。由于海上交通不便，站上的蔡杏富已记不清有多少个节日没有和家人团聚了，唯有电话可以传递思念。“一开始我不敢告诉家里人要来这里工作，怕他们担心。后来听我爸说，妈妈因为我来这边哭了好几回。不过还好，爸妈现在都挺支持我，每天我都会给他们打个电话，报个平安……”说到这些，蔡杏富声音哽咽，但家人的支持对于气象工作者来说，就是无形的力量。

业务是不能断的生命线

在珊瑚岛，气象工作者必须每天为南海经济建设和人民生活提供准确及时的气象预报预警信息，向全球传递准确数据。

这里是台风多发区，一旦台风来临，站上受到的挑战就是空前的。

2013 年，第 21 号台风“蝴蝶”影响我国。9 月 29 日，“蝴蝶”以每秒 55 米的风速正面袭击珊瑚岛，降水量达到 334 毫米。在这个建筑物稀少、树木匮乏的小岛上，暴雨滂沱、狂风肆虐、玻璃破碎、杂物纷飞，气象观测设备也停止了工作。

为了保障业务恢复运行，大家开辟出了前往观测场的道路，解下身上的雨衣，将设备包起来送到临时值班室，彻夜抢救原始气象资料，用被身体“烘干”的衣服擦拭仪器设备上的水分，用仅剩的一台笔记本电脑手工发报。在 33 个小时的奋战中，3 名值班观测员都没腾出时间喝上一口水；由于断电时间过长，冰箱里的食物绝大多数都变质了，最后一个罐头、一包完整的泡面，成了 3 人仅有的晚餐。

“当时也没想太多，就想要保护设备，按时发报。”事后，珊瑚岛气象站观测员夏佳伟说。

作为国家基准气候站，珊瑚岛气象站时刻保持着它的准确性和及时性。2015 年，珊瑚岛气象站的及时率、数据可用率、运行保障率全部达到 100%，业务排名全省第一。

面对艰苦的环境，珊瑚岛气象站的干部职工竭尽所能、积极奋进。近 3 年，有 2 人次被授予“全国质量优秀测报员”称号；4 人次参加省气象行业技能竞赛并获奖，2 人次代表省气象局参加全国气象行业技能竞赛。2014 年，珊瑚岛气象站被人力资源和社会保障部、中国气象局授予“全国气象工作先进集体”荣誉称号。

这就是珊瑚岛气象站的职工，他们勇于吃苦、甘于奉献、团结努力、积极奋进。未来，他们将继续坚守在平凡的岗位上，发挥“工人先锋号”带头作用，为保卫祖国南大门和人民安康站好岗。

（来源：《中国气象报》，2017 年 4 月 28 日，作者：纪仁华）

无限风光在险峰

——记“全国工人先锋号”获得者四川省气象台

在2008年到2010年期间，面对汶川“5·12”特大地震、2010年特大山洪泥石流灾害以及变化多端的突发天气事件，四川省气象台（西南区域中心气象台）全体干部职工团结一心，连续作战，不怕疲劳，以强烈的政治责任感和事业心完成了一系列重大气象预报保障服务工作，取得了显著成效。

准确把脉雨雪冰冻天气

2008年初，大范围的强降温袭击四川盆地，引发了长达20多天的低温雨雪冰冻灾害天气。

面对突袭的灾害，四川省气象台提前发布了中期强降温趋势预报。预报人员严密监视天气变化，同政府部门保持密切联系，及时汇报低温雨雪冰冻灾害的预报预测和实况信息，并充分利用新闻媒体向社会发布。

随着低温雨雪天气的持续发展，全台进入应急气象服务工作状态，准确预报出每场降温、降雨、降雪天气的起始、移动和强弱变化；强化与有关市、州气象局的灾害性天气联防和预报会商；新一代天气雷达在非汛期实行全天候开机，对降雨天气进行全程跟踪监测；灾情收集上报、信息汇总工作进入全天24小时高密度运转状态。此外，气象预报人员进一步加强气象为农服务工作，为春耕生产提供了准确的天气信息。及时的预报信息服务，使社会各界对强冷空气的入侵有了充分的预知和预防，决策与社会服务效益十分显著。

全力服务抗震救灾

2008年5月12日14时28分，四川汶川县发生8.0级特大地震。地震发生后不到10分钟，四川省气象台便向中国气象局发出了第一条灾情直报信息；在地震发生后1个半小时内，向四川省委、省政府发出了第一期《四川汶川地震救灾区气象服务专报》。

与此同时，省气象台增加了会商和预报制作、发布次数，对短时临近预警预报内容进行了扩充，将一般天气的预报纳入短时临近预警预报。自 5 月 12 日晚开始，从每 6 小时发布一次，增加到每小时发布一次短时临近警报。短时临近常规预报从原来的每天三次增加到四次。地震后形成的塌方、泥石流、堰塞湖对广大人民群众和救援队员生命构成了严重威胁。为此，省气象台把做好堰塞湖周边及其上游的降水量预报作为重点工作，预报人员严密监视天气演变，加强关键性、转折性天气的预报服务，先后成功地预报了“5·17”“6·14”等多次降水天气过程。尤其是“唐家山堰塞湖抢险专题天气预报”，准确及时的服务为唐家山堰塞湖的泄洪提供了有力的气象保障。

此外，地震发生后，省气象台便派出预报专家随四川气象应急车赶往地震灾区进行现场服务，同时还派出预报员加入军地联合预报观测小分队开赴地震重灾区里县，坚守工作岗位 45 天，为政府及部队等有关单位和省气象局等提供了及时、准确的实时气象观测资料信息。

根据前线抗震救灾指挥部的服务需求，省气象台还在中国气象局汶川大地震气象预报服务专家组的参与和支持下，分别针对灾区公共卫生、地质灾害、堰塞湖开展了专项预报，为省卫生厅、省地质环境监测总站、省水利厅等单位提供不同的气象预报资料。

成功抗击特大山洪泥石流

2010 年汛期，四川先后发生了 8 次强降雨天气过程。降雨时空分布不均，突发性强、局地雨量大、部分地方连续出现强降雨天气，导致重复受灾现象明显。仅在 8 月 12 日至 22 日，短短的 10 天之内，四川盆地便遭受了 3 次区域性暴雨、大暴雨的袭击，强降雨在地震重灾区频繁出现，山洪频发，清平告急，龙池、虹口告急，映秀告急……一个又一个灾情不断传来，面对四川省委、省政府和相关部门对天气预报的急迫需求，预报员们面临着巨大的考验和挑战。

早在 8 月 12 日，当人们还在承受高温热浪的煎熬时，省气象台的预报员们已捕捉到暴雨即将来临的蛛丝马迹，于当日 16 时果断发布了暴雨重要天气消息，并在主降水时段即将到来之前的 13 日 16 时再次发布暴雨重要天气消息。暴雨如期降临，四川省气象台于 13 日 23 时 10 分发布暴雨黄色预警信号。

面对密集的强降雨过程，省气象台全部及时捕捉到强降雨发生的信息，并准确点出暴雨发生区域，在降雨过程中积极开展短临预报服务，使政府相关部门及时掌握雨情和未来天气趋势，提早应对强降雨可能造成的危害，使灾害损失降至最低。

准确的预报、及时的服务，得到了四川省委、政府及有关部门的好评。

8 月 13 日晚，四川省委书记、省人大常委会主任刘奇葆指出，此次特大山洪泥石流灾害来势猛、灾情重，但由于当地党委、政府根据气象预报及时发出预警，乡镇、村、组干部全部到一线，采取逐户通知、警车鸣笛示警等形式，从 12 日 22 时开始，以最快的速度组织群众转移，将清平乡 5000 多名群众转移到相对安全的地带，最大限度避免了人员伤亡。

（来源：《中国气象报》，2011 年 5 月 6 日，作者：姜永育 郑丽）

2064.9 米的人生高度
——记“全国工人先锋号”获得者华山气象站

1952 年，13 名解放军战士攀爬了 15 千米的山路，来到华山西峰之巅。战士们凿石、背土、平地，克服种种困难，最终在绝壁之巅架起了风向杆，装上了百叶箱，搭起了简易房，华山气象站就此落成。

如今，在海拔 2064.9 米的华山西峰上，矗立着一座二层小楼，许多游人会从它旁边走过，却很少有人会留意到它。它就是华山气象站，是陕西省内唯一一个国家二类艰苦台站。

建站初期，华山气象人不论老少都有一根自制的扁担和两条绳子，用来运送物资，每次往返 15 千米山路。上山的石阶多在耸立的石脊或悬崖峭壁凿建而成，台阶窄而崎岖，有时只能容半个脚踩实，两侧是万丈绝壁，每走一步都异常危险。从刚开始的人均不到 15 千克，到女同志能挑 25 千克左右，男同志能挑 40 千克左右，气象人每上下一次山，腿脚疼痛，汗流浃背。路途艰险，职工在山上一待就是数月。

如今的华山气象站，虽然环境条件有所好转，但是依然艰苦。华山上没有井水、没有泉水，气象站的饮用水大多从水窖里挑。“水窖里的水都是雨雪融水，喝起来会有树叶的味道，”在华山气象站工作了近 10 年的田立峰深有体会，“开春以后，窖水里总有许多小虫子，有时还能发现淹死的老鼠，把鼠尸清出去，窖水继续喝。”因为水质不好，山上几乎每个人都得了胃病。

2013 年，华山西峰索道建成使用，气象站的人就能通过缆车从山下往站上送水。“一次两大桶，一共 50 千克，然后拎上三四百米送到站上。”送来的水，除了喝之外主要用来做饭和洗漱。

由于水如此珍贵，华山气象人无论在山上待多久都是不能洗澡的。遇到比较干旱的季节，他们只能保证饮食用水，脸都不敢洗。“每次值完班后下山，所有人干的第一件事就是洗澡。”爱美的郭永秀在山上也就不那么讲究了。

除了水，山上的食物也较为缺乏。每过七八天，站上的人就要打电话从山下买食材。馒头、食用油、鸡蛋、蔬菜、肉类……全都“坐”索道上山，再由挑夫送到站里来，有时候东西还没有运费贵。因为食材少，站里的工作人员每天只吃两顿饭，主食多为面条和馒头。

条件虽然艰苦，但听一听老一辈华山气象人的故事，没有一个人不被华山气象人的优良传统和优秀品质所打动。“全国三八红旗手”牛变玲、“优秀边陲儿女银质奖章”李华珍、陕西省“新长征突击手”高战国、陕西省“巾帼建功标兵”牛平礼、第三届全国道德模范提名奖和全国气象部门先进工作者于进江……建站 60 多年的时间里，先后有 200 多位气象人在华山之巅留下了奋斗的身影和珍贵的记忆，他们当中的许多人都成了省内乃至全国闻名的优秀气象工作者。

现任华山气象站站长达勇是个“80 后”，2005 年毕业于西北农林科技大学环境科学专业，现在已是华山站地面测报工作的骨干。2007 年，达勇母亲身患重病，从患病到去世的 3 个月里，达勇只请了一次假回家看望。他没能见到母亲的最后一面，这对刚参加工作两年多的他来说是非常沉重的打击。但在处理完母亲的丧事后，他回到单位上班，经过自我调节以及同事们的开导安慰之后，他又开始全身心投入观测值班工作，期间没有因为心情低落而抄错过一回数据，发错过一回报文。“站里的工作有些单调和枯燥，但却都和老百姓的生活紧密相关，马虎不得。”对于自己的工作，达勇要求很高。

2010 年 4 月 28 日，华山景区连续遭遇大风袭击，大风持续了将近 10 个小时。华山气象站的气象设施被风吹坏，风杯被吹掉，景区内一些树龄较大的华山松也被大风拦腰折断。在风速稍小之后，达勇立即拿出备份的仪器，爬上 10 米高的风杆，冒着被吹落西峰悬崖的危险，更换了仪器设备，保证了气象数据的连续性和完整性。同时，他指挥同事发布大风蓝色预警，提醒游览华山的群众注意防范，并通知华山管理委员会负责人及时组织林业人员对景区沿路树木进行检查，用支架支撑倾倒树木，保障游客的安全。

“我生长在一个‘气象家庭’，从小就听母亲讲述他们华山的故事。”如今在华山气象站工作的李瑞宁出生在华阴，他的母亲是“全国三八红旗手”牛变玲——华山气象站的杰出代表之一，他的姐姐、姐夫也都在华山站工作过。他出生不到两个月时，妈妈就上山了。小时候，他觉得遥望华山就是在望向妈妈，所以，他一直对华山气象站有着浓浓的向往，华山站对于他来说就像是亲人，就像是家。

“这不仅仅是一份工作，更是一种精神的传承。我们要做的不仅仅是在这里扎根，更是脚踏实地做好每一次观测，记录好每一个数据，做一个有目标、有追求的气象人。”新一代的华山气象人继承了老一辈华山气象人“一根扁担两条绳，立足高山干革命”的传统美德，弘扬着“立高峰、测风云、比奉献、创一流”的新时期华山气象人精神。一代代华山气象人在这 2064.9 米的西峰之巅将华山气象精神薪火相传。刚到华山站工作不久的“90 后”男孩高翔找到了新的理想：“我要把华山站 60 周年的宣传片写成一部小说，采访每一位片中提及的气象人，用我的笔记录下这 60 年来的风雨历程。”

（来源：《中国气象报》，2014 年 5 月 7 日，作者：闫靖靖　刘婧　于进江）

青春号角在戈壁荒漠吹响

——记“全国工人先锋号”获得者红柳河气象站

红柳河是一个美丽的地名，然而这里却是茫茫的戈壁荒漠。红柳河气象站周围上百千米范围内没有其他气象观测站，这里的气象观测数据弥足珍贵，要参加国际交换。气象站担负着国际航线、兰新铁路运输和飞行学院飞行的气象保障服务任务。

戈壁上的红柳情结

红柳河气象站是国家一类艰苦站，位于新疆哈密地区与甘肃敦煌交界处的戈壁荒漠深处，前身为新疆星星峡气象站，建于 1952 年，1960 年迁至兰新铁路红柳河火车站旁 600 米处。

干旱、大风、沙尘、缺水都是站上职工要面临的难题，生活用水和用电均依靠火车站。职工每次进站都得从哈密带够半个多月所需的食品和生活必需品，进出站只能靠每天一趟的通勤火车。

红柳河全站现有职工 9 人，平均年龄 33 岁。“年轻而不乏责任，个性而不乏协作，活力而不乏坚韧。”他们说，这就是“红柳精神”——扎根在此，像不屈的红柳，不畏风沙，笑迎戈壁，演绎着自己精彩的人生。

2009 年 10 月 9 日，大风导致电力中断，站区内断水。正在哈密市轮休的站长王蔚然得知这一消息后，立即在城里采购食物和矿泉水送到了站上。紧接着，他又和几个同事到远处拉水。10 月的红柳河，气温已经降到 0 ℃以下。他们拉水回来时，满脸冻得通红，溅出的水在他们的裤脚、鞋上结成了冰。

红柳河气象人在艰苦的环境里没有被击垮，他们正是用这种担当和坚强诠释着他们的“红柳精神”。

戈壁上的生命亮色

在红柳河，寂寞是最难克服的敌人，绿色是最难见到的颜色。但在气象站里，却有一片郁郁葱葱的绿地，让人感受到绿色和收获带来的生机和欢乐。这就是颇让站上职工引以为豪的菜园。

以前，职工的生活用品和食品蔬菜都要从 200 千米外的哈密市运来。2002 年 7 月，哈密地区气象局为了改善红柳河站的环境，投入资金在气象站的小院里修建了两个共 68 平方米的花池。但是这里风沙大，花草很难生长。从 2003 年 4 月起，站上职工将花池改造成了菜地。从此，这片小菜园便成了承载他们绿色梦想的地方。

春天风大，刚育好的菜苗经常被刮断。为了避风，他们用塑料布搭起小拱棚。为了节水，站上的职工把雨水、淘米水、洗菜剩下的水攒起来用来灌溉。这片菜地没有辜负主人的精心培育：每年 6 月到 9 月都会长出绿叶、结出硕果，它解决了全站 40% 的蔬菜供给。

兰新铁路上的守护神

红柳河是进出新甘的铁路交界点，恶劣的天气条件经常影响火车正常运行。红柳河气象人准确及时的气象信息服务，帮助铁路部门果断指挥避灾，将损失降到最低，受到铁路部门的肯定。

2009 年 12 月 23 日，一场强冷空气袭击红柳河，山口风力达到 11 级。铁路上覆盖了厚厚的积雪，能见度下降，车站多处跳闸停电。王蔚然立即带领职工赶往火车站，与火车站负责人员研究对策，组织气象职工清理火车站区积雪。根据气象部门的预报和建议，车站迅速启动应急响应，果断下达了列车限速行驶的指令。气象职工一直忙到晚上 10 点多，直至暴风雪渐渐退去。

因为有气象站，红柳河火车运行增加了一份安全保障。

先锋号是这样炼成的

红柳河气象站有 4 名党员，他们用自己的行动，带动全站职工向一流台站进发。

下水道堵了，党员拿起工具去疏通，淤泥清不出来，就用手扣；是他们，在闭塞的环境中，接通了光纤，使小站与外界相连；是他们，筹措资金购置了净水机和新循环泵，让站上职工喝上安全水。

“学习红柳精神，创建一流台站”是这个站奋斗的目标。在红柳河气象站，人们会强烈感受到浓厚的学习氛围和争创一流的劲头。他们在创建学习型部门、争创工人先锋号的征途中，总结出“艰苦奋斗，扎根戈壁”的红柳河气象文化来激励自己。气象站 3 次被评为“全国气象部门文明台站标兵”，还被评为自治区级精神文明单位。近 3 年，有 7 人次被评为“全国质量优秀测报员”。就在 2013 年国际劳动节到来之际，他们获得了“全国工人先锋号”称号。

谁说这里没有河流，是他们让气象之河在这戈壁荒漠间川流不息；谁说这里没有绿色，是他们在浩瀚沙漠里浇灌出气象事业的绿洲！

（来源：《中国气象报》，2013 年 5 月 9 日，作者：潘继鹏 周海英）

信念引领青春起航

——记“全国五四红旗团支部”获得者国家气象中心天气预报室团支部

观云测天、预知寒暑冷暖，是老百姓对天气预报员的普遍认知。当走近这些坐在天气分析操作平台前，通过数字、线条对未来天气做出预判的人们，感受到他们对气象预报服务工作的专注、坚守和热爱时，笔者不禁被深深地触动和感染。

在 2014 年度“全国五四红旗团支部”的表彰中，国家气象中心天气预报室团支部获得荣誉称号。在这个团员占 64.9% 的集体中，曾诞生过全国预报技能竞赛全能冠军、“全国五一劳动奖章”获得者马学款，中央气象台最年轻的女首席预报员张芳华等优秀人才，并先后荣获过“全国青年文明号”“全国五一劳动奖状”等崇高荣誉。

是什么促使这个集体始终奋发向上，奋勇争先？笔者近日带着好奇采访了他们。

青年生力军助推气象预报业务发展

国家气象中心天气预报室是国家级中短期天气预报一线业务单位，承担着国家级重大气象服务保障任务、全国天气趋势预报、降水等级和落区预报、灾害性天气及落区预报、对下预报和技术指导等国家防御和减轻气象灾害的多项重任。现有的 57 名成员中，37 名青年团员全部从事一线预报服务和技术保障工作。2014 年亚太经济合作组织（APEC）会议预报服务，预报员们提前 25 天即准确预报出会议期间的 3 次冷空气过程和污染物扩散条件，为会议的相关安排、空气污染减排措施的制定和实施等预先提供了科学参考；2014 年南京青年奥林匹克运动会（简称青奥会）预报服务中，青年预报员多次与江苏省、南京市气象台进行联合天气会商，利用自主研发的集合预报技术平台制作并发布多种精细化预报产品，为南京青奥会的成功举办保驾护航。

在集合预报产品研发中带领团队做出突出贡献的代刊，现已成为天气预报室的副主任，刚满 35 岁的他说：“集合预报对于预报员来说是一个全新的预报方法，可以从海量数据中为预报员提供更具参考价值的信息，从而节省时间、提高预报员的工作效率。”代刊 2007 年参加工作，8 年间作为技术骨干先后参与“基于集合预报的中期概率预报”“基于多模式集合预报的交互式应用技术研究”等多项行业专项和科技支撑等项目；2012 年，他成为国家气象中心集合预报应用团队负责人，建立了气象中心的集合预报业务应用系统，开发了多种集合预报产品和“集合预报工具箱”软件平台，其所提供的信息成为预报员的重要业务支撑，有效地推动了预报业务的发展。“是中央气象台严谨的工作态度和宽松的科研氛围给了我展示的平台和空间，是同事间相互的理解和鼓励支持着我们坚持前行。”代刊说。

刚当选“中央气象台第二届青年之星”的天气预报室技术开发科科长秦华锋，坚守预报岗位 12 年，曾荣获全国优秀值班预报员。自 2008 年起，根据业务发展和天气会商需求，秦华锋开始主持开发中央气象台业务内网，为预报会商提供高质量的图形产品；此外，他还主持现代业务天气专项《寒潮、高温预报技术开发》工作，总结分析寒潮、高温预报方法，开发了温度客观预报产品，建立了相关预报平台，部分成果已经运用到实时业务中。“坚持做事，一定会有收获和回报，要将自己对预报工作的热爱更好地传递给新入职的年轻人。”秦华锋说。

中央气象台精神传承助青年迅速成长

“准确、及时、创新、奉献”是气象人精神的凝练，也是中央气象台数代预报员薪火相传的精神指引。将个人发展融入国家发展、事业发展是这个时代赋予青年的新任务。天气预报室团支部书记徐珺说：“以现代天气业务建设为契机，气象中心为年轻预报员建立了预报技术训练平台，鼓励我们的青年预报员刻苦钻研业务，促进这个年轻团队不断团结协作和成长。”

预报员宫宇已经参加工作两年了，他说：“我现在还记得首席预报员手把手教我们画天气图的情景，10 余个新预报员画出的 60 余张天气图，他们一张张细致地修改、耐心地讲解。”因为天气分析是预报的基础，天气变化的微小特征都可以从线条的细节处看出端倪。天气预报室的前辈们从不吝啬个人的知识和经验积累，倾囊相授所知所学，迅速帮助年轻预报员形成预报思路、更好地成长。宫宇说：“要当好‘排头兵’，不仅要有工作和思想上的积极性，不惧困难，大胆地前进，还要更多地深入思考，总结经验和教训，在这个资源丰富的平台里面积极发挥自己的作用。这也是我从前辈们身上学到的。”凭借肯钻研、能吃苦的劲头，入职两年，宫宇荣获了“中国气象局团委优秀共青团员”表彰。

天气预报室高级工程师符娇兰犹记得北大博士毕业后，自己放弃在科研院校工作的机会，义无反顾选择到中央气象台从事预报业务工作的情景，“当时我的想法就是，要在实际应用中进行科学研究。”符娇兰如是说，“在这个有活力的集体中，新一代年轻预报员的干劲和冲劲也在鼓舞着我们前进。”年轻预报员学历高，具有较强的科研能力，各个创新团队在他们的积极参与下，都取得了丰硕的成果。符娇兰明显地感受到年轻团员带来的活力，她说：“在去年（2014 年）开展的‘悦读畅享’阅读倡导活动中，年轻团员积极地与大家共同分享读书的乐趣、交流着思想，在书海中让自己的内心更加沉静。”天气预报室团支部还与国家级贫困县内蒙古自治区突泉县开展了“圆梦助学活动”，多名青年志愿者前往突泉县开展气象科普宣传活动。此外，天气预报室团支部还捐助青海省玉树藏族自治州称多县文乐小学，为贫困学生送去温暖和希望。

韶华不为少年留。天气预报室这个积极向上的团队直面机遇和挑战，满怀信心，扬帆远航。

（来源：《中国气象报》，2015 年 5 月 8 日，作者：黄彬 崔绚）

吹响奋进号角 凸显累累战果

——记“全国工人先锋号”获得者国家卫星气象中心遥感应用室

走进国家卫星气象中心遥感应用室（以下简称遥感应用室），让记者感受最深的是这里团结努力、积极奋进的气氛。2009年，该室被中央国家机关工会联合会授予“中央国家机关五一劳动奖状”；2011年，被中央国家机关工委评为“先进基层党组织”，被中央国家机关团工委授予2011年至2012年度“青年文明号”称号；2013年，被评为“全国工人先锋号”。

紧抓业务不放松创先争优

遥感应用室主要承担天气、生态环境灾害、气候变化的卫星遥感监测和应用工作，向相关部门提供气象卫星遥感应用产品。“提升服务水平，使卫星监测发挥最大效益，为我国气象防灾减灾提供强有力的科技支撑，是我们不断追求的目标。”该室负责人方翔表示。

在日常服务工作中，遥感应用室利用“风云”系列气象卫星资料对台风、暴雨、沙尘暴、大雾、雪灾等气象灾害事件进行监测，每年制作上千期气象卫星天气和灾害环境监测报告。其中，数十期报告被中国气象局纳入上报中央及国务院的各类决策材料。

重大事件气象服务保障是遥感应用室工作的重头戏。2008年，该室在汶川地震救灾期间，利用陆地资源卫星资料分析震区滑坡、道路受损以及堰塞湖情况；在奥运会期间，动态监测浒苔侵袭青岛奥帆赛场情况，在浒苔打捞作业中发挥了关键性作用。“我们不仅要自己用好卫星资料，还要提供卫星资料应用平台。经过多年研发攻关，我们开发了SMART（卫星监测分析与遥感应用软件系统）和SWAP（卫星天气应用平台）。”方翔说。截至目前，全国已有26个省（自治区、直辖市）安装并使用了这两个平台软件。

洞察职工冷暖心心相连

遥感应用室始终将“和谐、规范、民主、关爱、欢乐”的目标融入日常生活和工作中。“知家情、暖人心，为职工排忧解难。”方翔说，“只有这样，才能更好地提高工作效率和工作质量。”

2012年，为了丰富职工业余生活，增强职工幸福感，该室组织了别开生面的“八小时外”微论坛。每周五下午利用一个小时的时间，以处室职工为主讲人，以八小时工作以外的衣食住行为主题开展讨论活动，亦可展示特长、兴趣爱好。到目前为止，该室已举行“买房这些揪心事儿”“在路上——交规详解”“生小孩攻略”“走进孩子的世界”等多种微论坛。

“今后，遥感应用室将一如既往地把职工小家建设当作一项长期的、基础性工作来抓，为不断提升职工的幸福指数、构建和谐发展环境而努力。”方翔表示。

强化队伍建设责任在肩

“队伍建设是固业之本。我们室以青年为主，着力加强青年人才队伍建设，制订长效计划，为青年岗位成才营造良好氛围。”方翔强调。

目前，该室已经采取了一系列措施强化队伍建设，与中国工程院院士许健民建立了每周天气讨论机制。同时，在全国天气会商中采取专家把关、值班人员发言的制度。“为进一步提高业务人员对核心预报业务工作的思路和方法，从2012年7月1日开始，我们派出值班人员参与中央气象台每日16时的内部会商，及时汇报每日卫星资料分析形势。”该室副主任吴晓京说。与此同时，该室还邀请一些专家给大家进行专业培训，做工作上的交流。“一系列计划的实施让全室青年职工得到了很好的锻炼，优秀青年职工相继涌现，先后有多人获得优秀党员、先进工作者和国庆60周年保障先进个人等荣誉。”方翔称，青年职工的岗位成才促进了集体更快发展，全室学术氛围浓厚，已经成为一支学习型团队，共承担十余项风云系列卫星工程和国家级省部级科研课题。

“下一步，我们将继续在全国推广SMART和SWAP，加强平台应用的本地化研发，将卫星资料更好地应用到实际预报预测业务中。”方翔表示。

（来源：《中国气象报》，2013年5月8日，作者：张静）

隋金堂：永恒的生命

在长白山头，一个好同志为抢救战友，身负重伤，光荣牺牲。他就是长白山天池气象站副站长、工程师隋金堂同志。

他那献身祖国气象事业的抱负、高尚的情操、以苦为乐的精神、公而忘私的品德，为社会主义精神文明增添了光彩。隋金堂同志的死重于泰山。他战斗的一生，为我们气象战线树立了光辉的榜样。

（一）

隋金堂同志 1940 年 6 月出生在德惠县大房身镇东盛堂村的一个贫农家庭，17 岁时失去了父亲。贫困的生活使他养成了艰苦朴素、奋发图强的品格。他 1962 年毕业于吉林农校气象专业。十多年来，曾在扶余县、德惠县、安图县等地从事气象工作。1977 年 5 月，吉林省气象局批准了隋金堂同志主动要去艰苦台站工作的申请，调他参加长白山天池气象站为期两年的轮换值班。1978 年 10 月，他光荣地加入了中国共产党，成为一名坚强的共产主义战士。他每调一处，就深深地爱上那里的一草一木，同那里的同志建立起深厚的感情，受到那里党组织和群众的好评。他常常想，只有放弃个人的“狭隘小天地”，把自己热爱祖国气象事业的一颗心，同实现四个现代化的宏伟理想紧紧联系在一起，忘我地战斗，才不辜负党的期望。他是这样想的，也是这样做的，他以出色的成绩圆满地完成了在天池站的值班任务。

正当德惠县气象站准备欢迎隋金堂同志回站时，却接到省气象局的指示，长白山天池气象站由轮换制改为固定值班制。安图县气象局局长崔德和同志怀着依依不舍的心情，试探征求隋金堂同志意见，问他能否留在天池气象站继续工作。此时，隋金堂深知留在长白山搞好气象测报的重大意义，更理解党组织的期望，果断地说：“我入党在山上，也一定扎根在山上，请局长放心吧，因为我是一个共产党员！”

他借一次去省里开会的机会，回到德惠县家里，动员爱人也到天池气象站工作。一见面，他就对爱人说："你也是气象工作者，为什么把高山气象站看得那么可怕？我现在不是身强力壮地回来了吗？"接着他又向亲属们解释说："你们不能用老眼光看待安图，那里的面貌已经变了。那里的长白山可是个好地方，有一眼望不尽的原始森林，有取之不尽的资源。我们那座高山气象站，就是祖国的一双明亮的观天眼睛。一个气象工作者不去热爱它、建设它，就辜负了祖国和人民的期望。"他这发自肺腑的话语，打动了家人的心，说服了爱人。他的爱人坚定地表了态："我支持你的工作，我也调到那里，同你一起工作。"1980 年 9 月，隋金堂和爱人搬到长白山下安了家。

（二）

长白山是个美丽的地方，盛夏时会吸引成千上万的游客，其风光令人叹为观止。然而，在这里生活和工作却有着常人难以想象的艰难困苦。这里时而云雾弥漫，时而狂风呼啸，一年之中有 270 多天刮着 8 级以上的大风，140 多天在降雪，积雪长达 250 多天，房子被覆盖在大雪中，出去要挖雪洞，遇上风雪天去观测场要挖雪道，趟齐腰深的雪，扶着铁丝网走。全年日平均气温在 −10 ℃以下的天气就有 260 天，经常冻坏人们的面部和手脚。喝水冬季靠化雪，夏季靠接雨。隋金堂同志始终以苦为乐，从不在艰难面前退却，他那饱满乐观的情绪，熏陶和感染着每个青年同志。

天池气象站的工作与千家万户的生活息息相关，然而这里却没有万家灯火、热闹如市的场景。抬头望天、低头看山的单调枯燥的生活，常常会给年轻的气象员带来思家心绪、寂寞和苦恼。这些，隋金堂同志看在眼里，记在心上，他深深感到做好思想工作十分重要，越是在困难的时候，越是需要给人们以鼓舞，增添精神力量。每当看到有同志愁眉不展的时候，他就对同志们进行灵活多样的思想教育。利用 1959 年天池气象站出席全国群英会荣获的锦旗，他对全站同志进行传统教育，组织大家学习中越边境自卫反击战英雄事迹，进行革命英雄主义教育，让大家继承艰苦奋斗的光荣传统，树立以苦为乐、以苦为荣的思想。青年观测员南振军刚到站里时不安心在山上工作，业务质量上不去，通过教育，思想进步很快，工作变得积极主动，刻苦钻研业务，业务质量不断提高，观测连续 80 多个班无错情，达到了优秀水平。

隋金堂像兄长一样，亲切地与同志们谈心、唠家常、讲故事。他还经常把大家组织起来，因地制宜开展各种文娱活动，长白山头一片欢歌笑语。冬天一到，气象站被大雪封盖，他和同志们挖开雪洞，个个都身着"雪装"，在雪中散步、跑步，一起观赏雪峰林海，畅谈奇山异景。

更有趣的是，他在业余时间制作了几张小爬犁，带着站里的年轻同志去雪坡滑雪，他也像那天真烂漫的孩子一样，玩得兴致勃勃。

通常，年轻人刚上山时饭量很大，10 天以后食欲开始减退。隋金堂为了增强同志们的体质，有时就按照自己从书本上学到的烹调技术，亲自下厨做上几盘拿手好菜，让大家吃得心满意足，食欲大增。此时，他竟高兴得忘记了自己是个身患胃溃疡的老病号。

隋金堂关心着同志们的冷暖，关注着同志们的思绪，他的思想脉搏与同志们一起跳动。1980 年 8 月，在一个天空格外晴朗的日子，隋金堂让大家到山下的温泉痛快地洗一个热水澡，并嘱咐大家一定要在午后 3 时准时回站。可是时间到了，人还没有回来。那时，他想到的不是同志们的失信，而是他们上山的劳累和饥渴，便赶忙煮了二十几个鸡蛋，带上几瓶水，下山去迎接，可巧，与下山的同志们在风口相遇了。他高兴地把鸡蛋捧给同志们，连声说道："你们一定饿了吧？快吃，快吃，上山好有劲！"大家接过热乎乎的鸡蛋，心情激动，难以平静。温泉的水热，哪有站长的心热啊！有一次，隋金堂收到报社寄给他的六元钱稿费，他把钱交给拖拉机手，告诉他全部用来买糖果。他把买回来的糖果分给大家吃，一边吃，一边介绍在高山生活的一些常识：比如有些人喜欢吃雪解渴，其实雪中矿物质少，常吃嘴唇容易破裂，只要嘴里经常含块糖，就不那么渴了，对身体也很有益。他每次下山，总会买点糖果带回来，让同志们随意挑选。他看到同志们吃得高兴，玩得痛快，安心在这高山之巅兢兢业业工作，自己花几个钱，也心甘情愿啊！

（三）

隋金堂同志酷爱学习，酷爱自己的气象专业，酷爱高山的生活。在这与天为邻、与风云为伴的天文峰上，他开拓着新的生活之路，向着远大理想之峰攀登。生活俭朴的隋金堂自己动手做了一个炕桌，观测员称它是"站长的写字台"。他在这里写下了珍贵的气象资料，精心编写了《地面气象观测规范》教材，一丝不苟地校对观测报告，孜孜不倦地学习外语。这张"写字台"，伴随隋金堂度过了忘我工作和学习的日日夜夜，浸透了一个"攀登者"的滴滴血汗，映出了一个共产党员的高尚情操。

隋金堂同志严于律己，他要求同志们做到的，自己首先做到。1978 年隋金堂回家休假期满正要回站的时候，孩子突然得重病住了院，需要护理，爱人劝他多留几天，帮助照顾孩子。他考虑到站里正在搞过冬物资储备，轮休的同志等待下山回家休息，人少任务重，他说服了爱人，按期返站，受到同志们的一致好评。

隋金堂同志是站里的副站长，工作非常繁忙，但他从不因此而不参加值班。他不但平时坚持值班，而且每次外出开会办事回来都主动要求参加值班。他工作一丝不苟，认真仔细，不断总结经验，摸索规律，业务质量一直很高。在他的带动下，全站测报质量也不断提高。

隋金堂同志时刻不忘把培养青年一代作为自己义不容辞的责任。他不仅在政治上给他们讲解革命道理，教育他们养成社会主义精神文明的美德，在业务上也热情地向他们传授技术，言传身教，帮助他们掌握为人民服务的真本领。例如，1980 年 2 月，安图县气象局招用了 15 名青年任观测员，他们上山开始工作后，观测业务不太熟练。他不仅让他们刻苦钻研业务书籍，而且把大自然当作丰富多彩的“教科书”，带领他们观云形、测风速、量气压，把自己学到的书本知识和长期积累的实践经验融为一体，教他们怎样观测得准确、迅速。这些深入浅出、通俗易懂的讲解和传授，使这些青年人的观测知识丰富起来，很快适应了高山气象观测工作，测报质量不断提高。

隋金堂同志为了严格要求这些青年人，帮助他们健康地成长，还为大家规定了严格的作息时间，建立了工作、业务学习、练基本功、理论学习、收听新闻广播以及文体活动等制度，随时检查督促。一天，在自学时间，他看到两个小青年偷偷下棋，就默默地把棋盘端走，让他们珍惜宝贵的时间。自学时间刚过，他又把棋盘送回来，慈爱地说：“下棋，我不反对，可以增长智慧。但在自习时间要安下心来，多学点知识，才能搞好气象测报啊！”还有一次考试，伊明华的试卷写错了一个符号，隋金堂给打了 99 分，他想不通，认为站长对自己有成见。隋金堂同他住在一铺炕上，就睡前和他谈心，耐心地开导他说：“气象测报是一门科学，写错了一个符号就是失误，不严格要求怎么行呢？”小伊想通了，学习专业知识更加刻苦认真了。

隋金堂深感在长白山头测报阴晴，对祖国四化建设事业必不可少，这副担子可不轻，所以在工作时间，他就像指挥员带领战士走向战场，军令如山，严守纪律，全神贯注地投入战斗。有一天正在观测的时候，有个观测员望着浓云密布的天空，听到隆隆的雷声，开起玩笑来。隋金堂严肃地说：“一个气象观测员，对气象的每一微小变化都要仔细观测，认真记录，不能马虎大意，只顾开玩笑。”接着，他启发大家说：“我们国家还很困难，高山气象站每年国家要花费十几万元，就是为了记录下准确的数字，如果稍一大意，测报不准，就可能给国家带来很大的损失，我们的工作就失职了。”听着隋金堂这语重心长的一席话，同志们更加感到自己身上担子的分量了，责任心更强了。他们决心，就算饮冰爬雪，呕心沥血，吃尽千般苦，也要一丝不苟地搞好测报，回报祖国人民的关怀和期望。在他的帮助下，早来的观测员立志扎根长白，技术精益求精；新到的观测员振奋精神，不断熟练观测技术，一颗颗心真如长白山的杜鹃花一片火红。去年（1980 年），县气象局根据新手较多的情况，要求测报错情率不超过 0.8%，同志们争下一口气，把错情率降到了 0.55%。这一成绩的取得，同志们都清楚，包含着他们站长的多少心血啊！

年轻人渐渐成长起来了，隋金堂同志的身体却越来越消瘦了。然而，他却一直像长白山的松柏，青春焕发，挺拔不屈。山上冬季，一天要化三到五次雪水才够喝，隋金堂便抢先刨雪背回来；烧炕时，他把煤块挑出来给炊事员用，自己烧煤面；冬季厕所的粪便满了，他抢先刨出来；夏天，运输冬储物资，只要一听到拖拉机的响声，他就第一个跑步迎上去，帮助卸车。同志们都亲切地称他是个“闲不住”的人。一年 365 天，无论干什么，他总是想在先、干在前，乐而无忧，情绪饱满，把一腔热忱献给同志。

今年春节，正逢他在山上值班，喜欢吟诗作文的隋金堂编写了三副春联，其中一副是：高山之巅，爆竹齐鸣新春添欢乐；天池之畔，兄弟携手同唱祝酒歌。横批：多做贡献。这副充满乐观豪情的春联，向人们显示了他的雄心壮志，新的一年将开始新的征程。

（四）

祖国需要隋金堂这样的栋梁，人民需要隋金堂这样的好儿子，为社会主义的物质文明和精神文明不断增添财富。可是，一件不幸的意外发生了。今年（1981 年）1 月 20 日晚 8 时，长白山头刮着 10 级大风。隋金堂同志正在屋里兴致勃勃地给大家讲故事。突然，当班的观测员徐哲同志跑进屋里，怀着懊悔、痛苦的心情报告说：“站长，我取下的日照纸装在兜里被大风刮走了，我没有追着，天黑得对面不见人。”

听到这个消息，隋金堂同志的心紧缩了一下，脸唰地变了。他知道一份日照记录的科学价值，更理解小徐内心的懊悔心情。他用平和的口气安慰小徐：“别急，以后要多加注意，明天我们把它找回来，你好好休息吧。”

在这风雪肆虐的长白山之夜，一张小小的日照纸是无处可寻的。明天？隋金堂默默下决心：我们一定要把日照纸尽力找回来，不能给气象资料留下空白。

隋金堂无心讲故事了，他的心思集中在日照纸上。这一夜他辗转反侧，难以入睡，同住在一铺炕上的观测员伊明华交谈起来，从这份丢失的日照纸的价值，谈到工作要一丝不苟，又谈到日照纸的去向，第二天寻找的办法……他们一直谈到凌晨一点多钟才入睡。

第二天早晨，从来吃饭落在最后的隋金堂同志却第一个放下碗筷。同志们明白，一个长期患胃溃疡的老病号，平时是不会吃得这么快的。今天，为尽快把日照纸找回来，他却打破了常规。吃完饭，他立即安排好站里的工作，布置了寻找路线，火速带领气象员分成两个小组出发了。

隋金堂同志同观测员张春生、金在河来到了一个冰雪陡坡的坡顶停下了脚步。他们估计日照纸有可能落在这里的沟底。正在商量如何下坡时，小金先用脚一试，没有踩稳，“哧溜”一下，飞快地滑下冰坡，接连滚了几个滚，在距离坡顶400米的半坡上停住了。因为手腕挫伤，他疼得喊出声来。小张一见小金滑下，担心老隋抢先下去，便站在坡顶边上阻拦，谁知也没站稳，连滑带滚地下去了，幸好被小金挡住没有摔伤。

隋金堂见到一连滑下两位同志，心如刀绞，不知他俩摔成了什么样。为了抢救这两位同志，他又沿着坡顶向右走了几步，向下滑去，万万没有想到，在五十多度的冰坡上，刚一下滑，便无法控制自己了。身子像子弹一样，“嗖”的一声向下飞去。眨眼之间，身子一斜，又偏滑下去，接触到冰坡的一块突起的坚石上，把他弹起一米多高，手套、帽子、靴子被甩到半空，身体“叭”的一声落到了冰坡上，双手插进冰里有一尺多深。寒风呼啸，雪片在飞舞，隋金堂同志倒在那里，一动也不能动了。

小张、小金开始只看到站长像一个雪球似地飞落下来，停下的地方与他们相距500米左右，只能看到一个很小的模糊身影。他俩拼命爬了半个多小时，才爬到隋金堂的身边，连声哭喊着：“站长啊，站长！”喊声唤来另一个小组的同志，大家齐声呼喊着站长。隋金堂忍着巨大的疼痛，微微睁开眼睛断断续续地说：“快、快、快回去观测，不能误了时间。”缓了一口气，又问小张：“你们摔伤没有？日照纸找到没有？”小张哭着回答，说：“站长，你摔伤了，我们都好，日照纸还没找到。”剧痛令隋金堂再不能说出话来了。同志们回去取来担架，用了三个小时，哭泣着把隋金堂抬回了气象站。

隋金堂从昏迷中醒来，忍受着刀绞般的疼痛，示意身旁的战友把手表摘下来。同志们不明白怎么回事，摘下来又给他戴上，他再次示意要身旁的战友摘下表，用最大的毅力，说出他生前最后的一句话：“这是工——作——表，交……”说到这儿，话音断了。同志们明白了，这是老隋让同志们把这块工作表交给组织。在弥留之际，他想的仍然不是个人的安危，而是国家的财物。他交的绝不只是一块手表，而是向祖国交出了一颗一尘不染、公而忘私的赤诚之心啊！在同志们为送他下山抢救做准备的短促时间里，盖在他身上的小伊的一床棉被，已被他整齐地叠好放在一旁，这是一股什么力量支撑着他做出如此惊人的举动？又是一种什么精神使他在垂危之际，仍然想着同志？同志们看着这一叠棉被，感动得一行行热泪无声地滴落着，敲碎了悲痛欲绝的心。

在同志们给他接尿时，尿已经都是血了。气象站医生小金诊断他的肾脾已经破裂，内出血，骨盆已经粉碎。山上不通电话，为了抢救这位亲如兄长的好站长，他们只好在午后两点的发报时间向省气象局发出了呼救电报。

电报发出后，县局接到省局转来“立即上山抢救”的加急电话，县气象局局长带领医生等火速上山。隋金堂同志伤情渐渐恶化，加倍忍受着痛苦的折磨。同志们再也不忍心了，为争取时间，他们含着泪水，把隋金堂同志放到担架上，迎着 10 级狂风，踏着没膝的雪路，送他下山。走到半路，医生小金忽然瞧见被褥一动，他知道，隋站长此时已经疼痛到极点，他忙从兜里掏出“安痛定”，没等用针抽出，药水立刻冻成冰块，急得他直跺脚：“这可怎么办啊！”

下午 5 时 40 分，同志们还没迎来山下的救护车，隋金堂同志的心脏已经在他生前攀登过的长白山路上停止了跳动。一片痛哭的声音在风雪中飘荡，在桦树林中回响。他们呼唤着：“站长，你不能死，我们离不开你啊！”

1981 年 1 月 26 日，中共安图县委举行了隋金堂同志追悼会，并决定授予隋金堂同志“优秀共产党员”的光荣称号。隋金堂的名字和事迹传遍了全县各个角落，各族人民决心向这位好同志学习，像隋金堂同志生前那样战斗，建设长白山区。

扎根长白山，献身长白山的隋金堂同志的骨灰将安葬在长白山头，并立碑纪念。长白山又起一峰，优秀的气象员挺立在群峰之中。天池碧水倒映着他高大的身影，像环湖十六峰一样峻峭峥嵘。隋金堂同志没有离开我们！他将永远激励我们向四个现代化和精神文明建设的高峰奋勇攀登！

（来源：中央气象局《气象工作情况》，1981 年第 13 期）

雷雨顺：呕心沥血探风云

我国独创的“能量天气学分析及预报方法”引起了国内外气象界人士的关注。就连我国台湾省的气象专家也感到新奇，询问我们的访问人员：“大陆有一个雷雨顺吗？他突破了传统能量学的框框，搞了一套预报方法。”当这位学者知道雷雨顺是国家气象局气象科学研究院副研究员的时候，风趣地说：“雨顺，雨顺，风调雨顺。”

雷雨顺，陕西省铜川人，今年（1983 年）48 岁。1953 年 1 月，还在读高中的他就光荣地加入了中国共产党，他在入党志愿书上庄重地写道：“我，一个农民的儿子，能够成长为共产主义战士，为实现共产主义理想而奋斗，感到无比的光荣。这种光荣不是名利、地位，而是全心全意为人民服务。我决心把毕生献给共产主义事业。”这是他入党时的誓言，也是他力量的源泉。

1955 年，雷雨顺以优异的成绩考入北京大学物理系气象专业，毕业后又考上该校研究生，从事大气环流的研究。1965 年，他被分配到中央气象局工作。十多年党的教育、党性的锻炼，使他认识到共产主义事业不是停滞在“本本”上，更不是表现在“嘴皮子”上，而是体现在为亿万人民的利益、脚踏实地的工作上。他带领气象局科技情报组的同志们从事业务研究。1968 年至 1972 年，他和同志们一起完成了《气象与军事》和《英汉气象学词典》的编写工作，翻译了《大气环流系统》一书。

雷雨顺的忘我工作，在当时得到的不是奖励和表扬，却是“白专道路”“业务挂帅”等种种责难。但他一不畏缩，二不懈怠，反而是越干越猛。1972 年夏季，一场罕见的冰雹把北方上万亩丰收在望的麦田夷为平地，他感到十分痛心。为了揭开冰雹之“谜”，他查阅了俄、英、日、德、法几国文字的专业文献，分析了国内外大量资料，填写了 2300 多张卡片，写出了具有中国特色的《冰雹概论》。1974 年，这本书在其他两位同志协助下定稿出版，对提高冰雹预报的准确率、进行人工消雹都有指导意义。

1975 年 8 月，河南省一场特大暴雨给国家和群众造成上百亿元的损失，这是大自然给气象科学研究提出的严肃课题。雷雨顺在痛苦、内疚之余，想得更多的是如何找出暴雨预报的有效手段。他常常对同行们说：“我们为什么不能拿出自己的好方法，把灾害性天气在临近前就能预报出来，减轻人民的损失？”

雷雨顺和其他两位同志组成课题组，从大气蕴藏的总能量与大气不稳定理论入手探索起“暴雨”预报的新方法。

雷雨顺怀着“要创造我们自己的暴雨预报方法”的强烈事业心和责任感，向能量学发起了进攻。能量学在气象界并不是什么新的东西，但是过去人们大多只限于理论探讨，用于实践而取得成效的还不多。雷雨顺和课题组的同志不怕困难，不怕风险，踏踏实实，一步一个脚印地开始了探索的历程。

为了把更多时间用于探索，雷雨顺与在北京师范大学任教的爱人刘秀芳商定：爱人带着儿子搬到师大集体宿舍，他自己一个人过起独身生活。有的人不理解，说：“人家巴不得解决两地分居，你怎么‘一地分居’？”他笑笑说：“生活嘛，应当服从事业。”爱人和孩子搬走后，雷雨顺又重新过上“大学生”的生活，一个黄帆布挎包，里面除了书籍和资料，还装有一个塑料食品袋。每天清晨他就到办公室，扎在书堆里，有时忘了食堂开饭时间，索性拿出剩馒头、剩花卷用开水泡泡，就是一餐。他常对关心他的同志说：“我什么都不缺，最缺的是时间。”他“惜时”真是到了“命”的程度，经常是早晨 5 点半起床，6 点来到办公室，一直熬到深夜 12 点多才离开。以至住在办公室对面楼上的同志多次打电话来询问，“请你们查一下，那是谁的办公室，每天都忘了关电灯。”节假日他也很少休息，有的同志劝他注意爱惜身体，他风趣地说：“50 岁以前拼命干，50 岁以后再说。”有的同志曾粗略地统计过，自 1970 年到 1982 年，12 年时间，他做了相当于 25 年的工作。

书山有路勤为径，学海无涯苦作舟。雷雨顺同课题组的同志，经过几年的艰苦探索，系统地研制出一套物理量图，制作了一套查算表和计算程序，使大气能量学从纯理论研究中挣脱出来，形成了一种新的预报暴雨、冰雹的方法。气象界老专家陶诗言同志说：“这一方法是我国独创的，结果令人鼓舞。”北京大学谢义炳教授撰文说：“能量天气分析及预报方法揭示了强烈天气的前兆现象，找到了行之有效的预报指标。”中国科学院副院长叶笃正在总结近年来我国大气科学研究的进展时指出，能量分析方法得到了广泛应用，取得了可喜的进展。

1981 年 8 月，长江上游地区出现洪峰，严重威胁葛洲坝枢纽工程。如果上游地区继续有大雨，那就必须采取分洪措施。据估计，如采取分洪措施，仅搬迁费一项，国家就要花上亿元。

在这紧急关头，国务院领导同志询问气象局：“有无大雨？要不要分洪？”中央气象台进行了紧急会商。雷雨顺等同志根据能量天气分析方法，做出了正确判断。值班员依据实际情况和雷雨顺等同志的意见，果断地做出了“两日内长江上游无大雨”的决断，使中央领导同志放心了，荆江分洪区的 40 万人民、60 万亩土地避免了分洪造成的损失。

1982 年汛期，几场特大暴雨，使黄河水位超过警戒线。据有关方面估计，如果河水溢出河道，将给国家造成 100 亿元的损失，但由于水利、防汛、气象、水文等部门通力合作，有效控制了黄河水情。气象部门在这次黄河防汛中做出了准确及时的预报，是同雷雨顺等创造的能量天气学预报方法分不开的。

为了使能量天气学预报方法在全国各省（自治区、直辖市）气象部门推广使用，雷雨顺与其他同志一起，先后到 22 个省市去讲学和协作。按理“能量天气学预报方法”是他们刻苦钻研的结晶，用一个讲稿讲就行了，但他不。每到一地，他先要了解听课人员的文化程度以及要求，然后重新备课。为了备课，当地安排的游览活动他不去，晚上放电影他也不看。一次，他应陕西省气象局邀请去讲课，正碰上他住在西安市的岳母病危。气象局给他派小车他不要，只借了辆自行车，利用中午和晚上休息时间侍候老人，夜里返回住处继续备课。岳母去世的第二天，他处理完丧事，第三天又登上东去的列车，赶往河南省去讲学。现在，能量天气学预报方法已在全国 29 个省（自治区、直辖市）气象部门开花结果。原国家农委和国家科委又授予这一科研成果“农业科技推广奖。”

在成绩和荣誉面前，雷雨顺想的不是个人的功名利禄，而是在气象事业上多做贡献。他常对组里的同志讲：“人嘛，名利要少点，志气要高点。”他是这样说的，也是这样做的。工资待遇他不计较，名誉地位他不伸手，得到称赞他总是把绝大部分分给别人，写的文章也总是把别人的名字写在自己前面……他一心扑在工作上，自从晋升为副研究员以后，更以拼搏精神投入工作。远的不讲，仅 1982 年的前 10 个月，他就做了那么多的工作：1 月，他主持了《全国强对流天气论文集》的编辑工作。2 月，作为中国代表团成员，出席了在澳大利亚召开的世界气象组织大气科学委员会第八次届会。3 月，在丹东参加了北方暴雨技术组织会议。4 月，去吉林讲学。5—9 月，他应新疆、陕西气象局之约，完成了 30 余万字的《降水及其天气学研究》和《能量天气学讲义》编写工作。9 月中旬，他还去洛阳参加暴雨技术总结鉴定会。9 月底，负责接待一位美籍华人教授来讲学。10 月他为中国气象学会年会做准备，要从 160 篇论文中选出 40 篇交给会议主持人审定，以便在年会上进行交流。

10 月 25 日，中国气象学会年会在成都开幕，雷雨顺突然晕倒，经医院检查，确诊为肺癌。

11 月 4 日，雷雨顺经医生护送返回北京，住进北京结核病医院治疗。

在病床上，他以顽强的意志与病魔搏斗。每次领导和同志们去看望他，他总是乐观、自信，从不谈自己和家庭，所关心的仍然是工作、事业，事业、工作。

他对前来看望他的国家气象局领导说，他的一切都是党多年培养的结果，自己对党的事业还没有什么贡献。出院后一定要为国家的四化建设多出力，为我国气象事业的现代化贡献毕生精力。

他叮嘱助手，要抓紧做好第一类强风暴的资料统计，出院后他要接着干。

课题组的同志去看他，他建议大家加强合作，齐心协力攻下“降水天气动力学研究”课题，为暴雨预报开拓新的途径。

院里学习党的“十二大”文件，他叫人要来了复习提纲，并要人转告党支部，“我出院后要参加第五期‘十二大’文件学习班。”

在国家气象局党组、气象科学研究院党委的亲切关怀和全力支持下，经过医院医护人员的精心治疗，雷雨顺的病情有了转机，饮食稍有增加，睡眠略有延长。他兴奋地告诉看望他的同志：“我又可以拿笔啦！”近来，他又写起了《关于特大暴雨的天气动力学分析》。他在文章的扉页上写道：决心仍攀暴雨动力新高峰，严谨深入钻研献出好方法，关心众人齐力攻关创新风！

不久前，国家气象局机关党委授予雷雨顺“优秀共产党员”称号。国家气象局党组做出决定，号召全国气象系统的全体干部和职工向雷雨顺学习：“雷雨顺把全部身心献给了党，献给了祖国和人民，是气象战线活着的蒋筑英、罗健夫。”

（来源：新华社，1983 年 1 月 22 日）

陈素华：永不熄灭的航灯

黄河——母亲河浇灌着华夏文明，厚重的黄土铸造了人们厚重、朴实、勤劳、坚强、执着的性格。陈素华，这位优秀共产党员，全国气象系统模范工作者，就是黄土地上的杰出代表，多年来像一炬不熄的航灯，燃烧着自己，照亮了别人。最近，中国气象局领导几次谈到，陈素华过去为气象事业做出了很大贡献，现在仍然带病坚持工作。现在有的年轻人不太了解，再做些宣传很有必要。

1997 年春末，黄土高原上的苍松、古柏、绿麦、黄花、小草都透着盎然生机和活力。在陈素华荣获“全国气象系统模范工作者”称号 6 周年之际，记者又采访了她和她目前所在单位的领导和群众。

56 次表彰是新起点

陈素华 1964 年毕业于成都气象学校，在学雷锋的热潮中，满怀豪情地到陕西商洛山区的中心气象站，一干就是 30 个年头。期间，她干一行爱一行，行行干得出色。她搞服务效果显著；干报务，连续 8 年无事故；干填图，连续 4 年无差错，并获全国填图表演赛冠军；干政工，是优秀思想政治工作者。她于 1987 年患直肠癌，1988 年开刀手术，与病魔进行了顽强的斗争，依然带病坚持工作，取得了很大成绩。她先后荣获“优秀共产党员”“全国气象部门先进工作者”“全国三八红旗手”“全国五一劳动奖章”“陕西省学雷锋标兵”“全国气象系统模范工作者”等光荣称号。1993 年被调到西安市气象局任咨询员，1994 年又调至陕西省气象局技术装备中心任副处级调研员，仍然处处做表率，年年受表彰。她把每次表彰都看作是一个新起点。

陈素华对记者说：“荣誉只能说明过去，参加工作以来的 56 次表彰奖励（包括 24 次省级以上的表彰奖励），都是对我过去的肯定。”她表示要以此为起点，不断努力。她说：“我可能活不了多久了，但是活一天就要干一天，我相信病人也能干出成绩。”

鏖战病魔的斗士

陈素华手术后，下腹部被掏空，大便改道于腹部。这对于一个女同志是何等痛苦！因伤口疼痛不能正坐，她过一会儿就要换一个坐姿。手术后 8 年来做过 5 次化疗，每次化疗都痛得浑身发抖，每个毛孔都像针扎似的疼，恶心、呕吐。近几年还诱发了糖尿病、动脉硬化、眼底出血等疾病。改道口经常感染出血，周围皮肤红肿，稍有一点大便就得处理。身边没有女孩，生活非常困难。说到这里，这个 50 岁出头、已满头灰发的娇小而坚强的女性眼睛湿润了，她强忍住泪，停顿了一下，继续说，“有时手也发麻，感到两条腿也不是自己的。我知道自己可能活不长了。不过，只要我还活着，就要尽量多做些事，为气象多做些贡献。”

她以超乎常人的毅力顽强地与病魔斗争着，忍着病痛坚持工作。技术装备中心主任何广林告诉记者：陈素华手术后化疗造成血糖高、血管变脆、血浓度很高等，她仍坚持正常上班，从未迟到早退。她经常用一个喝水杯子装上热水焐着胃部。病痛有时把她折磨得眼圈发红，却依然把病痛埋在心里。

1994 年夏天，她在整理人事档案过程中，由于档案本太厚，装订时用力过猛而伤了三节脊椎，仍坚持工作，至今还有一节腰椎间盘突出未恢复，对下肢活动有很大影响。她上下楼要用力拉着扶手，由于上下楼梯不便，曾多次摔倒。

竭尽全力奉献自己

几十年来，陈素华为气象事业做出了突出成绩，她的奉献精神得到了党和人民的肯定和称赞。陕西省《共产党人》杂志发表了讲述她的事迹的长篇通讯《大山的女儿》，中国气象报发表了《平凡闪光的人生》和《情洒商洛》，1991 年 6 月，人事部和国家气象局授予她“全国气象系统模范工作者”光荣称号，7 月又荣获“陕西省优秀劳动标兵”称号，1992 年被评为“陕西省十大新闻人物”。

1993 年，陈素华调到西安市气象局做劳资管理工作，她带病给市局 139 人每个同志都建立了工资卡。套改工资时为了使每个同志都明白，她晚上加班把每个人的项目都整理出来，认真给大家讲解，使人们对工资改革都理解。1994 年，她调到陕西省气象局技术装备中心任调研员。时值盛夏，她耐着炎热整理人事档案。过去积压多年的人事档案，又乱又不齐全，整理起来工作量非常大。她把档案分作 10 类，60 多人每人一本。有的档案有缺页或缺项，就要索取、补齐，仅此就有数百份。为延长档案寿命，她采取贴边、拓裱等办法进行加工处理，而且在每份材料后面加贴纸条，以便以后加页，新整装档案889份。接着整理积压18年的文书档案。她把1977年至1994年的档案列为181卷，再分12类，工作量很大，而且需要非常细心和耐心。她同样认真整理、索取、查补和贴、裱、加条等，出色地完成了文书档案的整理装修工作。她还主动为34位科技人员建立了个人科技档案，内容全面，工作量也很大。到1996年为止，查阅档案者已有100多人次，为大家提供了方便，大家都称赞这项工作做得好。

强大的精神支柱

“讲学习，讲政治很重要。学习了毛泽东和邓小平的著作就有了精神支柱。人活着就要奉献社会，那些模范人物都有精神支柱。”陈素华非常认真地说，“有精神支柱就有用不完的劲。”陈素华的精神支柱就是坚定的共产主义信念，要为人民谋利益。

她不但认真学习，结合思想实际，而且一直写学习笔记。她在笔记中写道：“……每个共产党员就凭这为共产主义理想而进行的执着追求，战胜了一切困难。党今后的任务还十分艰巨，每个共产党员都肩负很重的历史使命，要团结广大人民群众，以身作则。要牢记在党旗下宣誓时的誓言，坚持全心全意为人民服务的宗旨，像一支平凡朴素的蜡烛一样，默默地燃烧，无私地奉献。要为党的气象事业尽心尽力，从我做起，身先士卒，顾全大局，遵守纪律。要真正做学习的模范、联系群众的模范，以自己的实际行动去带动和影响周围的职工和群众，从而提高我们党的凝聚力和战斗力，使党的光辉形象牢固树立在群众心中，为党增辉添彩。”

她认为搞经济决不能忘了讲政治，讲政治才能有清醒头脑，讲政治才能健康发展。

“我是一名共产党员，一切要从我做起，以实际行动树立党的光辉形象，同周围的同志一起为实现气象事业的宏伟蓝图做出更大的贡献。”她是这样写的，也是这样做的。

“她有一颗金子般的心”

记者在采访中注意到，不管是领导还是群众都从心里敬佩她，称赞她，可谓有口皆碑。赖学强说，陈素华办事特别认真，学习认真，体会比别人深，同志们乐意与她交流思想。吴平如、艾小宁都感慨地说，她品格高尚、实事求是、毫无私心、待人诚恳、心地善良，特别爱帮助人，思想境界极高。谈到动情处，吴平如激动地说：“人家积劳成疾还这样对人、对事、对病，那样高尚，气象战线有这样的英模人物是我们气象战线的骄傲。我想到她就感到备受鼓舞，就觉得应该时时以她为榜样。人们说，‘她有一颗金子般的心’”。

陈素华的笔记上清楚地写着她待人接物的原则：和蔼可亲，平易近人；信任人，尊重人；富有同情心和助人为乐精神；公平处事；宽宏大度。她还崇尚善良，她说："善良是一种美德，一种境界，一种修养，一种追求。"

永不熄灭的航灯

陈素华到哪里就把思想工作做到哪里。她经常以各种形式与人谈心，多次化解同志间的矛盾。有两个同志经常吵架，她分别与他们谈话，鼓励他们相互交谈，告诉他们既要看到自己的成绩，也要看到自己的不足，更要看到别人的成绩。经几次谈话，化解了矛盾。她说，谈话的目的是增进感情交流，相互理解，增加凝聚力和向心力。仅 1996 年她就谈话 20 多人次，解开了一些同志的思想疙瘩，激发了人们的进步热情。

储运科的姚选平说："我写了几次入党申请书没人理我，就有点灰心。陈素华同志与我谈话后，我的热情又上来了。"在她的帮助和影响下，有 4 个青年提出了入党申请。

人们有话愿和她说，她听到群众对各方面的反映便及时反映给领导。例如：由于陕西省气象局技术装备原来对门卫工作做得不到位，致使门房成为"是非堆"。陈素华得知后，提出要及时解决。于是，在陈素华的促成下，装备中心改造了门房，调整了夜班，完善了有关制度，使"是非堆"得到彻底解决。

由于陈素华时时处处作表率，连续 3 年群众都推选她为优秀共产党员，1995 年和 1996 年被评为"双文明先进个人"。在她的带动下，技术装备中心党支部的工作大有起色，还被评为"先进党支部"。

她的所为，正如她笔记中所写"要坚持全心全意为人民服务的宗旨，像一支平凡朴素的蜡烛一样，默默地燃烧，无私地奉献"。1997 年 4 月 17 日，她在笔记中写道：一生是奋斗的一生，我虽然快要退休了，但一定要在短短几年里，在自己的本职岗位上继续发扬光大以下几种精神，争当精神文明建设的排头兵：艰苦奋斗的创业精神；勤奋爱岗的敬业精神；严谨求实的科学精神；团结共事的协作精神；大公无私的奉献精神。

陈素华确实是一个永固的航标，一盏不灭的航灯。

（来源：《中国气象报》，1997 年 6 月 30 日，作者：朱振全 王志学）

陈金水：唐古拉山上的风云赤子

这是一位气象工作者的风雨人生：

1956 年至 1981 年，初进西藏，从藏南转战藏北，整整 25 年；

1988 年至 1992 年，再赴雪域，苦战藏东昌都，一干 5 年；

1993 年至 1995 年，三上高原，再战昌都，又是 3 年。

从 22 岁到 61 岁，生长于浙江水乡的陈金水，有 33 年跋涉在西藏高原雪域。从雅鲁藏布江畔的泽当，到雄伟的唐古拉山，再到横断山脉的三江流域，他把自己的青春和热血献给了祖国的气象事业。

创建全球海拔最高的安多气象站，填补了世界气象史上的空白

青藏高原的隆起，改变了世界气候格局。在这片全球最高的广阔大陆上，横亘着喜马拉雅山、冈底斯山、唐古拉山、昆仑山等巨大山系。相汇在这里的印度洋暖湿气流和西伯利亚寒流，受到高原巨大山脉的阻挡，沿着条条深谷，奔涌而下。青藏高原的气候，早已成为国际气象界关注和研究的重点。可是，直到 20 世纪中叶，西藏的气象科学还是一片空白。

1965 年 9 月，陈金水来到藏北唐古拉山上的安多。那时，浙江还是莺飞草长，而安多已是北风呼啸、雪花飘飘，皑皑的冰峰在远处闪着耀眼的银光。

9 年前，从北京气象学校毕业的陈金水，主动要求进藏到泽当工作。这回，组织上调他去西藏的“北大门”，任务是在安多创建一个新的气象站。

站址选在县城后面的一个山坡上。这里荒无人烟，陈金水和同事滕建民搭起两顶帐篷，既是“家”，又是“办公室”。两人用铁镐刨开坚硬如石的冻土，开始了艰苦的创业。安多海拔高，含氧量不足海平面的 60%。每挥一次镐，都要喘好一阵子。陈金水的脸憋得发紫，嘴唇裂了口子。在几个民工的帮助下，他们克服了常人难以想象的困难，平整出 625 平方米的标准气象观测场，安好了白色的围栏，装好了百叶箱，竖起了 10 米高的风向杆……

1965 年 10 月，海拔 4802 米的安多气象站终于拔地而起。这是迄今（1996 年）为止全球最高的一个气象站，它填补了世界气象史上的空白，“天下第一气象站”由此得名。一位世界气象组织官员说，安多气象站是中国人为全世界做出的一个贡献。

安多，有名的风城、雪域。一个多世纪以前，一位欧洲旅行家在游记中写道：“在这寸草不生的唐古拉山区，不仅高山灌木不能生长，对人类的生命来说也是禁区。许多常年走青藏线的司机，宁愿赶夜路，也不愿在安多过夜。”

可气象站建成后，陈金水留了下来。

这是一个人的世界。要是无人路过，陈金水有时几天都说不上一句话。他常常对着风雪喊叫，对着繁星眨眼。这里没有鲜菜，由于气低压，水不到 100 ℃就开，饭煮不熟。他每天面对光秃秃的荒山、稀疏的牧草，见不到一棵树木。冬天，难以成眠的长夜，呼出的气很快在被头上结成冰，第二天起来被褥和床板能冻在一起。陈金水说：“有一天夜里，实在睡不着，头很痛，胸很闷。起来一看温度表，帐篷里的温度是 −27 ℃。”

唐古拉风雪漫卷，伴着陈金水影只形单。陈金水告诉我们，那时什么苦都无所畏惧，但还是怕日头落到草原下面。没有电，没有灯，每一个黑夜都那样漫长。陈金水唯一的陪伴，是那台跟他走过千里高原的晶体管收音机。他说，每当我听到万里之外传来的北京的声音，都会热泪盈眶，觉得那小小帐篷气象站，和祖国的心脏紧紧相连。那滋味，现在都难以忘怀。

一年之后，组织上终于派来了一位助手——陈金水新婚不久的妻子刘晓云。她是主动要求来的。

夫妻俩工作、生活在这闭塞的气象站，太长时间没吃过鲜菜了，有一天，陈金水路过山下的运输站，看到路边堆着一堆快要烂的菜，菜叶已枯黄了。陈金水的眼睛再也离不开那堆烂菜了。他扒拉来扒拉去，好不容易拣出了几根还勉强可以吃的小白菜。晚上，夫妻俩终于吃上了一顿“鲜菜”。

1967 年初，妻子刘晓云怀上了他们的第一个孩子。天寒地冻，陈金水到安多河里，砸开冰，想钓条鱼给妻子养养身子。从早上钓到日头西落，才钓了一条三寸来长的小鱼。陈金水煎了一碗汤，夫妻俩你推我让，陈金水的眼泪已“吧嗒吧嗒”落到了鱼汤里。不久，陈金水下乡，刘晓云独自留守气象站。这天，她下山挑水，走进帐篷时，忽然脚下一软，昏倒在火炉旁，怀着的两个多月的孩子流产了。炉中的火苗蹿过来，烧着了她的棉衣，灼伤了她的皮肤，她苏醒过来，挣扎着爬起，扑灭身上的火焰。观测时间到了，她忍受着一个母亲难以忍受的痛苦，揩干身上的血迹，一步一挪走向风雪中的观测场。

一个多月后，陈金水从藏北牧区回到气象站。刘晓云流着泪说：“你都 33 岁了，我还没保住孩子……”陈金水忍着心中的酸楚，安慰妻子说：“谁让我们选择了世界上最高的气象站，我们就要比别人承受更多的磨难！”

1969 年，刘晓云又怀上了孩子。陈金水对刘晓云说：“你回家去吧，好好把孩子生下来，我留在站上值班。”因为有几千里行程，他特意为妻子烤了 5 个烧饼，让她路上吃。一天，陈金水从县里办事回来，看到刘晓云已经走了，桌上放着一个烧饼和一张纸条：“老陈，我搭一辆过路的货车回家生孩子，给你留一个烧饼，你要自己照顾自己。”陈金水含着泪水走出气象站，久久站立路边，望着远方。

1970 年以后，安多气象站陆续调来了一些新同志。每调来一位新同志，陈金水都要推心置腹与他谈心：“这里苦不苦？”“很苦！”陈金水说：“是很艰苦，但这里的工作需要我们。我们也不能怨天尤人，应当动手改变它！”他带领大伙到二十多里外的申格里贡大山上开采石头。站上没有木工，陈金水就到安多县农机站干活，和他们换工。1972 年 8 月，7 间土石平房终于出现在山坡上。陈金水告别住了 4 年的帐篷和 3 年的地窖，与大家一起搬进了新房。

气象站饮水难，长年累月要到山下的安多河挑水。隆冬季节，河水结冰后要用钢钎砸冰，1978 年 5 月，陈金水和他的战友们在气象站附近的山坡上打下创奇迹的掘井第一锤。山坡上满是砾石，每掘进一尺，都要付出巨大艰辛。陈金水带领的气象站是一个团结奋斗的群体。他们留下女同志值班观测，其他同志夜以继日轮流掘井。井越挖越深，遇到了永久冻土层，钢钎砸下去，只有一个白点。在井底干活，严重缺氧，两脚泡在冰冷刺骨的水中，几分钟就冻得失去知觉。有一次，陈金水在井下干了两个多小时，被大伙强拽上来，他连架着都站不起来。一位同事哽咽着说：“老陈，你再这样拼命，我们就怕累垮了你的身体。”这以后，每次下井，大伙儿都争着去。可陈金水说：“你们年轻，骨头嫩，我这骨头经碰。”经过两个多月的艰苦鏖战，井终于打成了。泉水清澈甘甜，也为艰苦创业的“安多精神”涂上了一层“传奇色彩”。

到过安多的内地人很少，而这些人都直截了当地说，在安多，在唐古拉山，只要能坚持工作，就是一种牺牲，就是一种奉献。而陈金水在这环境恶劣的“天下第一气象站”，一守就是 16 年！

安多气象站，从 20 世纪 60 年代到 90 年代，多次被评为“全国先进气象站”。雪山草原风云变幻，但雪山草原上的“天下第一气象站”，却像一面永不褪色的红旗，在世界屋脊上高高飘扬。

唐古拉山上的“百班无错情”，上万个数据化作对祖国气象事业的无比忠诚

风里来，雨里去，陈金水头顶唐古拉的风霜雪雨，日复一日地观测，记录着一个个气象数据：风向、风力、雨量、温度、地温、蒸发量……一天 4 次观测要收集上百个数据，一个月就有

1 万多个数据，一年就是十多万个。

专家说，一个气象观测员的一生，是和数字打交道的一生。正是这些枯燥的数字，汇成涌动变化的天气图，昭示着风雨阴晴。遍布祖国各地的上千个气象台站，每天都有成千上万个数据汇聚到国家气象中心，变成天气预报走进千家万户。

陈金水说，当一名气象观测员，工作平平凡凡，而且环境艰苦，工作辛苦，生活清苦，在西藏就更苦，但是国家需要他，千家万户需要他。只要心中装着千万人的阴晴冷暖，再苦也甘愿。

准确无误地观测记录每一个气象数据，是气象员的职责。长年累月，这数以万计的数据如果能保证不漏一个、不错一个，就是个了不起的成就，气象部门就会用“百班无错情”的荣誉称号来表彰。“百班无错情”，是一把衡量气象观测员敬业精神的尺子。谁也没想到，西藏自治区的第一个“百班无错情”，竟会在唐古拉山上产生：1976 年至 1977 年，陈金水连续值 188 个班，每班昼夜观测 4 次，记录数据数万个，无一差错。

安多自然条件十分恶劣，年平均气温 –3 ℃。在祖国多数地方炎热难耐的 7 月里，这里有时也会飘起鹅毛大雪，安多一年中有 200 多天是八级以上的大风天气，最大风速可达 40 米 / 秒以上。如遇沙尘暴，白天都得点蜡烛照明，观测时要打着手电才能做记录。

每遇飞沙走石的大风天气，陈金水几乎每个小时都要顶风冒雪到观测场检查各种仪器的情况。还要随时记录天气现象的变化，包括几点几分开始刮风下雪，几时几分风息雪止，常常一天工作十三四个小时。

最难的是填气象报表。在观测场做记录，用的是铅笔。正式报表，得用钢笔填写。可由于高寒，墨水常被冻住，写不出字。陈金水就坐到牛粪炉边，写几个字，把钢笔放到炉子上烤一烤。大风天，阵阵沙土从帐篷四处钻进来，报表上转眼就是厚厚的一层。把每次测得的数据编成电报发出，还得一手不停地摇手摇发电机，一手“嘀嘀嗒嗒”敲打发报机的电键。

1973 年 2 月的一天，安多遇到罕见的沙尘暴。情况紧急，气象站 6 位同志不约而同冲进值班室。这时外面一片昏黄，天似乎要塌下来。观测时间到了，陈金水毫不犹豫地说：“我去！”藏族气象员仓决和卓玛央宗解下自己的头巾，围在站长的脖子上。陈金水像冒着枪林弹雨前进的战士，猫着腰冲进观测场。狂风卷着沙石劈头盖脸打来，陈金水站都站不稳。他把记录本揣在怀里，每换下一张仪器中的“自记纸”，就赶紧掖进怀里，生怕被风刮走。当陈金水裹着风沙跌跌撞撞地跑回来时，大家激动地围住了站长，像是迎接凯旋的英雄。

1974 年隆冬的一天，刮起十几级的大风。安多城家家户户紧闭门窗，气象站的门这时候却敞开了。陈金水曾对年轻的气象员们说：“我们气象员和别人有啥不一样？就是刮风下雨、电闪雷鸣，人家可以往家躲，我们不行。”眼看观测时间快到了，可风向杆上测风的仪器出了故障。耽误一次观测，就是一次事故，而且永远补不回来。陈金水冲出屋，迎面扑来的狂风夹杂着沙石，打了他一个趔趄，摔倒在地上。他爬起来，继续往观测场冲，去爬那 10 米高的风向杆。这风向杆平时爬起来就特别吃力，在大风中，陈金水好几次都把持不住，险些从杆上摔下来。他一寸一寸地往上蹭，与狂风抗争。仪器修复了，事故避免了。

为保证观测正常进行，陈金水付出了巨大代价。1974 年的一天夜里，睡梦中的陈金水突然下肢剧烈疼痛，痛得他大汗淋漓。经诊断，他得了脉管炎。双脚不能落地，可他每天还是咬着牙，一瘸一拐地往返在通向观测场的路上。安多医疗条件差，找遍全县也没有能治这种病的药，县委书记刘逸民特意做了一副拐杖送给老陈。

陈金水还得了一种“职业病”，每到凌晨一点钟，准会醒来。气象站的平房建成后，他就把自己的住房安排在值班室隔壁。夜深人静时，他倾听每一个值班同志走过房前的脚步，而且可以凭脚步声叫出每一个同志的名字。于是，安多站形成了不成文的“规矩”：值班的同志开始工作后，都会轻轻敲敲墙壁，唤一声“站长”，表示没有误班，站长下半夜可以安心地睡上一会儿。万一哪天值班观测员睡过了头，或身体不好，到时间未听见敲墙的声音，陈金水会立即披衣起来，或是唤醒他，或是替他上班。

陈金水常对同事们说：“对党和人民要忠，对国家和事业要爱。只要是党和人民的事业，干什么都要尽心尽力，在什么岗位都要尽职尽责。”陈金水和他的同事们，就是用这种对祖国气象事业的无比忠诚，换来了唐古拉风雪中的“百班无错情”。

不起眼的铺路石：铺就通向世界气象科学高峰的大通

气象观测，是气象学的基础，就像金字塔的基座。在观测和记录风起云涌、雨雪阴晴的平凡岗位上，陈金水找到了人生的价值。

1979 年元月，陈金水和妻子回乡休假。这是他进藏 23 年三次回乡探亲中的一次。谁想西藏自治区气象局的电报接踵而至，催他返藏。陈金水二话没说日夜兼程赶回拉萨，接受了在双湖无人区进行“青藏高原气象科学考察”的任务，并担任科考队党支部书记。

双湖距拉萨 1000 多千米。在它广阔的 20 多万平方千米的土地上，平均海拔 5000 米的高度，把大部分地方变成了只有野牦牛、藏羚羊出没的无人区。

4 月 11 日，他们开始观测、收集气象数据的工作。这里气候恶劣，变幻莫测。丽日晴空之下，忽然狂风骤至，沙石弥漫。

在安多工作十几年，陈金水曾记录过多次 40 米 / 秒的风速，可那天的风仍令他不寒而栗。风吹得他睁不开眼，他只好背着风，蹲在地上，用一只手摊开观测簿，另一只手记录气温、气压……可是，4 个自记仪，有 3 个经不住风沙的高速击打出了故障。唯一能工作的风速自记仪也已无法测得最大的风速，因为风远远超过了仪器测量的极限。

整个考察工作完毕，他在地面观测簿上“观测员”一栏郑重地签上“陈金水”。作为无人区气象科学考察事业的开创者之一，陈金水的名字再一次写进了我国气象事业的发展史册。

1976 年，陈金水在唐古拉山区第一次参加气象科学考察。队员中数他年龄最大，但他默默地干起后勤工作，为的是让科学家们能够集中精力于科学考察。返营那天，全队人马突然连人带车陷进了冰河。陈金水一声不吭跳进齐腰深的冰河，搬来石头，垫在车轮下，奋战三个多小时才脱险。

十几年过去了，当年和陈金水一起参加科学考察的气象学家们对他依旧念念不忘：“像陈金水这样普普通通的气象工作者们，就像一块块毫不起眼的铺路石，铺就的却是一条通向世界气象科学高峰的大道。”

陈金水常说：“西藏气象科学的希望在年轻一代身上，我们要多为他们铺路。”

1976 年，藏族姑娘巴桑分配到安多气象站。姑娘文化程度不高，连汉语都不会说。陈金水夫妇把她当成自己的亲生女儿，手把手地教她学习汉语，学习气象科学知识。经过长时间的耐心帮助，巴桑终于可以独立值班，很快成了站上的业务人员。当年在安多气象站工作过的一些人，如今无论是职务，还是职称，都比陈金水高了，但他们依然清晰地记得老站长对他们说过的一句话：“我就是你们的垫脚石，你们在事业上攀升得越高越好。”

在安多那些艰难的岁月里，身为站长的陈金水为了让大伙潜心钻研业务，总把最繁重的活抢过来干。站上做饭、烤火用的唯一燃料是干牛粪，他时常背上几个麻袋，挎包里揣上几个干馒头，漫山遍野地捡干牛粪。有一次，他到很远的地方去捡牛粪，一夜没回来，人们发现他时，他已昏迷在草原上。

唐古拉的冬天是严酷的。开始，站上只有一顶可以挡风蔽寒的帐篷。站上来了新同志后，渐渐不够用了。1969 年夏天，陈金水动手在山坡上挖地窖。天天挖山不止，终于挖出了一个 12 平方米的地窖。他把帐篷让给了年轻人，自己就在唐古拉山上过起了穴居生活。在冰凉的地窖中，他一住就是 3 年，呼出的热气在油毛毡搭成的“屋顶”上凝成了一道道冰凌，天长日久，就像喀斯特溶洞里倒悬的钟乳石。

1978 年，安多气象站作为全国气象系统唯一的代表，要去北京参加全国科技群英会。消息传来，全站沸腾了。但到底派谁去参加这一盛会？大家都说，该站长去。陈金水却找来主要的业务骨干次旦益西，对他说：“成绩是大家做出来的。这大草原离外面太遥远了，你出去看看吧。”次旦益西从北京回来后不久，陈金水又把他送到了云南大学深造。

陈金水每天默默无闻地工作，宿舍—值班室—观测场，“三点一线”往来穿梭，在一些人看来枯燥无味。但是他说：“党的事业，不是每个人都能轰轰烈烈。我奋斗过了，奉献过了，就问心无愧，终生无悔。”

陈金水几次放弃调离安多的机会，迟暮之年两次请缨进藏。作为科技工作者，陈金水没有轰动的研究成果，没有瞩目的科学论文，他的“专著”，就是40年如一日坚持不懈，观测、收集的数百万个珍贵的气象数据。他用心血、用汗水、用青春，在世界最高的气象站，在藏北无人区，在横断山脉的三江流域，写出了一篇杰出的人生论文！

心中的天平永远向祖国的需要倾斜

气象界人士说，青藏高原和南极、北极是地球的“三极”，从这些极点地区获取的气象观测数据，对于揭开全球气候之谜有着举足轻重的意义。安多气象站就是有“高极”之称的青藏高原上最高的一个气象网点，它传出的气象实测数据，对于全球中长期天气预报和气象科学研究，意义尤其重大。因此，安多气象站自创建之日起，就为全世界气象工作者所瞩目。

为保住这个气象站，中国的气象科学工作者付出了巨大的牺牲。

日复一日，年复一年，陈金水不是没有过调回拉萨的想法。他也指望有新同志来安多接替他的工作。1970年8月，家住拉萨的仓决调到安多。陈金水心想，我们夫妻俩这下可有了“接班人”，可以安心撤走了。可没想到仓决头天来，第二天就提出要走。陈金水意识到，这时候自己不能再提调走的事了。他找仓决，和她拉家常，聊工作的重要：“气象工作是个艰苦的工作，安多是个艰苦的地方。但是，再艰苦的工作，也是党的工作，再苦的地方，也是祖国的地方，总要有人在这艰苦的地方、艰苦的岗位上工作。”他讲建这个站的艰辛，讲采集气象数据资料的珍贵，讲气象站在建设西藏中的作用，讲身为全球最高气象站一员的自豪感和责任感。感人肺腑的话，深深打动了仓决，她决定留下来。

气象站兴旺起来，人渐渐增多。陈金水想，自己当了站长，又是党员，要起带头作用。1972年前后，自治区气象局几次调他回拉萨，但为稳住“军心”，他都主动放弃了。

他对同事们说：“创业难，守业更难。这块气象事业的空白好不容易才填上，如果我也想走，你也想走，这个‘天下第一气象站’还要不要？我们再不要给党和人民的事业留下空白。”

1981年,在西藏奋斗二十多个春秋、身患多种高原疾病的陈金水调回老家——浙江省临安县。少小离家的游子，终于重返阔别多年的故土。可是不久，令他难以忘怀的西藏再一次向他发出了呼唤，为了招贤纳才，西藏自治区气象局在报刊上刊登招聘广告。一年多过去，仍没人应征，只好转而从曾经在藏工作过的同志中寻找。陈金水是他们想到的第一人选。

1988年8月,西藏自治区气象局一位领导专程来到了临安。能请动陈金水吗？他心里也没底。因为几个月前他们曾到过杭州，听到浙江省气象局的为难之言：“陈金水在藏工作过25年，年纪也大了，又刚刚被任命了领导职务，再让他进藏，我们实在不忍心。”

没想到，那位西藏自治区气象局领导的一席长谈，却在陈金水的心中激起层层涟漪。事业、家庭，世界屋脊、江南水乡，他心中的天平始终向祖国的需要倾斜。他说，那次，我又想起三十多年前在泽当平叛前线的情景。我是在战斗中入党的，我在党旗下宣过誓:“把一切献给党！”平叛以后，我还作为英雄到过北京，朱德总司令和邓小平同志、贺龙元帅接见我们，都亲切地勉励我们：“西藏很需要人去，要把西藏建设得繁荣富强！”做共产党人，就要自觉地听从党的召唤。“西藏是我的第二故乡，西藏有我的事业，西藏的土地和人民养育了我，西藏需要我，我还有什么说的呢？”

国庆节刚过，陈金水出现在西藏自治区气象局局长马添龙的办公室：“老兵陈金水报到来了。”组织上把他派到离拉萨千余千米之外的昌都——西藏最东部的一个地区。陈金水笑着对大伙说：“我这一辈子，就像个‘守门人’，安多是西藏的北大门，这回又到了西藏的东大门。”

昌都气象台是新中国在西藏建立的第一个气象台。上任后，陈金水多方奔走，为各基层站争取来了进行综合技术改造的专项资金，开始“第二次创业”。

1989年，洛隆县气象站改造，陈金水在那里一蹲就是两个多月，直到改造工程全部完成后才回到地区。为节约费用，也为不给基层站添负担，陈金水自己带锅碗瓢盆，在工地上搭了个简易工棚，吃、住都在工地。

1990年，地区气象台综合改造。陈金水正忙于工程开工前的准备工作，自治区气象局转来了临安县气象局发来的电报：“刘晓云手术，速归。”等陈金水把台里工作忙出了头绪，急匆匆赶回临安，妻子刘晓云已经住院十几天了。

1993年2月，昌都地区气象台年轻的藏族台长次仁顿珠眉头紧锁。台里的工作千头万绪，真是难啊。其他几位台领导也都是刚刚走上领导岗位。于是，他们向上级组织提出了请求：“请陈金水再进藏工作一次。”刚刚结束援藏回到临安的陈金水，再一次担当起昌都地区气象台党委书记的工作。

1995 年，是陈金水第三次进藏的最后一个年头。在昌都地区气象台他那间办公室兼卧室里，他提笔给远在千里之外的自治区气象局党组写信，表明自己的心迹：“我一生中三次进藏，在藏工作了 33 年，现在身体已不如从前。听说局里想叫我再到藏北，我也愿意去，那里是我的‘老家’……”

1995 年 9 月 26 日，西藏昌都，邦达机场。

61 岁的陈金水从这里启程回浙江老家。从飞机的舷窗望去，雪峰、冰川、高山、深谷，熟悉的风景渐渐隐去，一行热泪从他饱经沧桑的脸上淌下，那是他为之奋斗了一生的壮丽高原。

临安，陈金水的老家，八百余年前南宋的都城。那个朝代的著名诗人陆游曾在这里赋诗抒怀：“僵卧孤村不自哀，尚思为国戍轮台；夜阑卧听风吹雨，铁马冰河入梦来。”中国知识分子高尚的爱国主义情操，至壮至美，千百年来，一脉相传。告老还乡的陈金水在自己的小小斗室，吟诵起这首抒怀言志的诗句，思绪飞回那万山之宗、江河之源的世界之巅……

（来源：《中国气象报》，1996 年 6 月 13 日，作者：伍皓 朱幼棣 赵相如 马高飞）

董立清：倾心风雨中

他就像一名冲锋在前的战士，长期坚守在“风吹雨打”的战场上。风“吹”着他的身，雨“淋”着他的心，成千上万的灾区人民是他心中永远的“痛”，党和国家的需要是他不息的“魂”。几十年风雨历程，拼到青丝换白发，一次次神机妙算，写就人生奋斗篇！

传奇色彩的天气预报

1999 年 9 月 30 日，北京下起了大雨，雨势之大、时间之长，为历史同期罕见。第二天，天安门广场将隆重举行新中国成立 50 周年庆典。大型的露天活动及阅兵仪式，天公能否作美？这成了举国上下关注的焦点。30 日下午和晚间，江泽民总书记两次打来电话，询问天气情况。

中央气象台会商室里，预报员们紧张地盯着卫星云图、雷达资料，研究着各种天气情况。在京各气象部门参加的“十一”天气大会商开始了。对于雨停的时间，从第二天凌晨到下午，预报意见很不统一。到底如何向社会各界答复，向中央领导汇报？人们的目光转向一位 50 来岁戴着黑框眼镜的中年男子。

听听老董的意见，这是大家在预报意见分歧较大时通常会想到的。“降雨夜间停止，‘十一’天气转好。”中央气象台高级工程师董立清缓缓说出自己的意见。就以此为最终预报结论！中国气象局局长温克刚向江总书记报告：明日天气没有问题。国庆庆典不受天气影响的消息迅速传遍大江南北。

10 月 1 日早晨，当雨后的第一缕阳光穿过云层，照射在天安门广场上，人们欢呼起来：天气太好了，气象预报神了！庆典活动刚结束，国庆阅兵总指挥部就给中央气象台会商室打来电话：“非常感谢气象台的科技人员，天气预报得非常成功，任务完成得很好！”此后又专程送来了“军队打胜仗，人民是靠山”的奖牌。中央领导在评价 50 周年大庆天气预报时，高度赞扬中央气象台的预报是“神机妙算”！

原国家气象中心主任裘国庆回忆起当年的情景，感慨地说：只有具备了扎实的基本功，才敢在关键时刻拍板。

多少年来，董立清的名字总是与一次次成功的预报联系在一起：在气象卫星发射成功的“保驾”中，在 1998 年“全国抗洪抢险先进集体”受表彰人员名单中，在 1999 年新中国成立 50 周年庆典气象服务小组中，在 2001 年一次次对沙尘暴天气的监测预警中……

由于贡献突出，2002 年 7 月 7 日，董立清获得由中组部、中宣部、人事部、科技部授予的“全国杰出专业技术人才”称号。手术后身体虚弱的董立清没能参加在人民大会堂举行的颁奖大会，但科技带头人的功勋是不会被忘记的，12 日上午，人事部副部长舒惠国在中国气象局局长秦大河、副局长刘英金等的陪同下亲自来到董立清家，向他颁发了荣誉证书和奖章。

接受暴风雨的“洗礼”

从主持发布 1984 年 8 月中央气象台历史上第一次“暴雨警报”，到 1987 年 7 月王家坝“不分洪”的决策服务；从 1991 年中国江淮地区洪涝期间 3 次关键性天气的预报，到对 1998 那场“世纪洪水”十几次较大降雨过程的预警……每年汛期，董立清与预报员们都用高精度、快节奏的气象服务筑起防汛抗洪的第一道防线。

最惊心动魄的考验在 1998 年。

“九八洪水惊天下，力降洪魔未下鞍。”这是对气象工作者在 1998 年抗洪斗争中突出表现的真实写照。作为中央气象台技术总把关的董立清，自始至终主持并参与了其间的预报工作。

1998 年 7 月 12 日，三峡防洪出现严峻形势，宜昌段的流量已达每秒 5.3 万立方米，三峡地区只要面雨量超过 50 毫米，工地上的所有施工人员和价值数百万美元的设备就必须撤出来，三峡工程将被迫停工。根据天气形势，16 日至 17 日三峡地区有一次降雨，外系统两个气象台分别做出了 80 毫米至 100 毫米、60 毫米至 80 毫米的雨量预报。三峡工程施工到底要不要停？在董立清带领下的天气预报服务小组经过深思熟虑和缜密的商讨，发布了“16 日至 17 日三峡地区面雨量为 30 毫米至 40 毫米”的预报。16 日至 17 日，老天爷不多不少地在三峡地区降下平均为 35 毫米的雨！三峡施工单位根据中央气象台的预报没有停工，为抗御后来的 6 次洪峰赢得了宝贵时间。

8 月 6 日，荆江水位高达 44.48 米，超过警戒水位 1.48 米，上游第四次洪峰 7 日晚将到达宜昌。洪峰带着野性和咆哮，如冲出牢笼的蛟龙，向荆江大堤呼啸而来。如果 7 日至 8 日该地区面雨量超过 40 毫米，洪峰水位将超过 1954 年荆江分洪水位，荆江大堤难保！温家宝副总理已经飞抵湖北，受中央重托坐镇荆江一线指挥，准备应对可能出现的最危险情况。领导的决策、荆江分洪区百姓的生命财产安全，又一次等待气象部门的预报结果。董立清组织预报员从 6 日晚 7 时 40 分至次日凌晨 1 时，收集资料、研究分析，会商认为：7 日至 8 日面雨量为 15 毫米至 25 毫米，不会出现强过程。根据预报，省防指紧急部署：严防死守荆江大堤，洲滩民垸扒口泄洪削峰，分蓄洪区人民安全转移。天气实况和预报完全一致，洪水造成的损失减少到最低程度，荆江大堤经受住了第四次洪峰的考验！

1998 年长江等流域特大暴雨期间，董立清连续 80 多天坚守在一线值班，对长江流域的 4 段强降雨，嫩江、松花江流域的 12 次较大降雨过程都做出了较为准确的预报，为各级领导做了好“参谋”，被科技部授予“全国抗洪抢险先进个人”称号。

天气没有休息日

30 多年来，董立清给人留下的印象就是：忙。忙碌的他天天要加班，忙碌的他没有过一个完整的休息日。年轻同志曾问老董：“值班的时候您早来晚走，这没的说，可不值班的时候您还来得那么勤，为什么呀？”董立清回答，天气没有休息日，它总在发展变化。一天不看天气图，就有可能错过一些天气信息，做预报心中没数可要不得。

每天，董立清都要到会商室坐一会儿，看实况记录、看天气图。全国天气如何，国外天气如何，哪里有台风，哪里有暴雨，他都要洞悉。与董立清共事多年的同事们道破“天机”：“老董的预报功力靠的是平时一点一滴的积累，是长年不懈努力的结果。”

在繁忙的值班之余，董立清不断给自己“加压”，力图把多年的预报经验上升到理论，为今后的天气预报工作者提供一些参考和帮助。他对雷暴、冰雹、干旱、暴雨、台风等灾害性天气进行了探讨和总结，在《气象学报》《应用气象学报》《气象》等有关刊物上发表论文数十篇；他主要参与撰写的《1981—1984 年 4 次大暴雨过程短期预报成功》，获“国家科技进步一等奖”；他主持了 1991 年江淮暴雨的预报服务和预报检验，并在当年 10 月举办的黄山国际暴雨洪涝研讨会上做了报告；他的《中国东部的爆发性海岸气旋》，从天气学角度分析了气旋爆发性发展的基本条件，填补了气旋预报空间的一项空白；他组织预报人员充分应用会商室现代化设备，并对国内外中期数值预报产品进行检验、推广、应用……

忙碌的董立清还总愿意帮别人的忙。中国气象科学研究院杨东贞等开展的《沙尘暴研究》课题，需要在沙尘暴源地至下游沿途采集沙尘气溶胶样品，只有提前 24—48 小时将沙尘可能到达的时间提供给各采样点，才能做好采样准备。沙尘暴天气现象预报难度大，当时也没有业务化。

为了促进这一灾害性天气研究的开展和积累预报经验，自 1998 年起，董立清承担了全部预报工作，独自摸索出沙尘暴天气预报方法。1993 年 5 月 3 日晚，他通知杨东贞：“5 月 5 日不仅有强沙尘暴发生，而且傍晚前后可抵达银川附近。”5 日 19 时左右，沙尘暴到达银川石嘴山采样点，环境监测站的同志及时采集到样品，取得了历史罕见的“5・5 黑风”的可贵资料。

1999 年，忙业务、忙科研、忙创新的董立清被人事部评为“有突出贡献中青年科学技术专家”。

几度风雨几度勤

曾经有位预报员对记者说：“在技术条件相对不能再提高的情况下，预报员拼的就是责任心和精力了。”董立清告诉颇感费解的记者：“这时只有时刻盯着各种天气图与资料，随时更正、滚动预报，才能使服务更准确。”

老董就是这样拼的。频频登陆的台风，是他的牵挂；大范围的暴雨，敲击着他焦灼的神经；洪涝、干旱、冰雹……每一处灾情，都是他的不眠之夜。他在小小的会商室里，纵观世界风云，拼到日落星辰现，拼到青丝换白发。

1994 年 7 月至 9 月，老天爷变着花样制造麻烦，作为技术把关、签发班和领班的董立清只能全天候应对。3 个月的时间里，不管当班不当班，他都早早来到会商室，遇到天气形势严峻，他一守就是一天。

1994 年第 17 号台风为近年来在我国登陆最强的一个台风，它于 8 月 21 日晚在浙江瑞安登陆。对这个台风，董立清自其生成就一直严密监视其发展和路径。19 日晚，中央气象台即发布台风消息，预报台风将在浙江登陆，20 日晨，董立清为中央领导写了专题报告：第 17 号台风将严重影响浙江、福建。根据气象部门的预报，有关省市及时疏散了居民，远洋公司转移了五六十条大船。国务委员宋健在 9 月 6 日中南海会议上说：“浙江根据气象部门对 17 号台风的准确预报，及时撤离了 50 余万人，避免了重大损失。”

在 2001 年 4 月的例行体检中，董立清被发现肺部有阴影。但当时正值沙尘暴频发期，他没有向任何人讲述自己的病情，一如既往地投入到工作中，成功地发布了多次沙尘暴预报。

沙尘暴季节还没有结束，紧张的汛期接踵而来，董立清比以往更加投入地工作，进行了一次又一次高水平的服务。

忙过了汛期，日感体力不支的董立清不得不去医院进行深入检查，被确诊为肺癌晚期。

拿到诊断书，他没有向任何人说出真相。事后同事们记起，那天老董静静地在会商室坐到很晚。

住院期间，董立清枕边的小录音机总会在固定的时刻打开，听天气预报成了他难得的享受。每当有领导、同志来探视，他都要关切地询问台里的情况——他仍然时刻牵挂着那指点风云的战场！

董立清，一个经历过无数次风雨历练的普通气象人，用云淡风轻的态度面对无情的病魔，支撑他的是对党和国家的无限忠诚，是对人民群众的深挚热爱，是对气象事业的赤子情怀！

（来源：《中国气象报》，2002 年 8 月 8 日，作者：李晔）

崔广：豪情写在天地间

崔广说："我是共产党员，要对得起党和人民；我是气象局长，要担起领导干部的责任；我是高级工程师，要有中国知识分子的优秀品德。"他是这么说的，也是这么做的。通过对他的几次采访，我们也真真切切感受到了——于是，敬意油然而生。

2007 年 1 月 8 日上午，能容纳千人的辽宁省阜新市工人文化宫座无虚席，中共阜新市委在这里隆重举行优秀党员领导干部、阜新市气象局局长崔广同志事迹报告会。会上，阜新市委常委、秘书长张鹏宣读了中共阜新市委《关于开展向优秀党员领导干部崔广同志学习的决定》。

报告会上，崔广的故事让人们感喟、激动、敬仰，掌声迭起时，泪花也在闪动。阜新市委书记姚志平说，如此大张旗鼓地宣传一位行将离岗的正县级领导干部，在阜新还是第一次。为什么？因为在崔广身上，体现出的共产党人的公仆本色与时代精神，实在太鲜明了！

"36 年如一日，崔广把对家乡的热爱、对事业的执着、对党的忠诚，化为一腔豪情，都奉献给了辽西大地。"家乡的父老有口皆碑。

要粮——向传统种植制度开战

崔广 1948 年 12 月出生于辽宁省阜蒙县福兴地镇，1970 年加入中国共产党，1971 年分配到阜蒙县气象局工作，1984 年调任阜新市气象局副局长，1995 年任市气象局局长至今，系高级工程师，市优秀专家。

由于从小生长在农村，农民靠天吃饭的困苦生活给儿时的崔广留下了太深的印象。1971 年，青年崔广遇到可选择行政管理、文秘、金融、气象等工作岗位的机会，他毫不犹豫地选择了气象，来到阜新县气象站工作。他暗下决心，要牢固树立气象服务思想，在不断提高天气预报准确率的实践中，弄明白种地和老天爷的关系。从此，在"气象"这支队伍中，他一干就是 36 年。

"种一坡，拉一车，打一簸箕煮一锅"这句民谚，是对辽西当时农业生产的真实写照。传统的大田开犁时间晚，如果霜期来得早，玉米、高粱往往没长成就遭秋霜，减产在所难免。进了"气象"门，崔广开始琢磨这个事。

在栽培学、生物学、植物学、气象学的海洋里，崔广尽情地汲取营养，他发现，制约粮食增产的一个很重要因素是农作物的生育期过短，而且，5 月 10 日下种，白白浪费了此前的十多天无霜期。

这一发现犹如一盏灯，照亮了崔广苦苦探寻的路。他决定搞试验，为自己刚刚萌芽的“灵感”寻找理论根据。历史上，“春雨贵如油”，等雨下种，是阜新农民多年形成的习惯。破解春旱难种地的问题，崔广认为，要巧用墒情，适时早播。

所谓墒情，即土壤中的水含量。为此，他总结出“底墒比油贵”这一新农谚，经过两年的实验，积累了几十万个数据，得出了 4 月 10—20 日是阜新地区玉米最佳播种期的结论，整整比以前提前了 20 多天！传统耕作习惯将被现代科学技术所取代，在十几年前的阜新，这无疑是农业生产的一场技术革命。

然而，因循守旧的势力仍然是强大的。“老祖宗咋种咱咋种，不能破了规矩。”多数农民对此不看好：“冻坏种子咋办？低温不出苗不就白忙活了？”化石戈乡的几个老农民还取笑着说：“老崔，你在耍我们吧？”

崔广听罢却一点也不生气。“中国是个人口大国，粮食安全是‘天大的事’！”从这年冬天开始，他踏上了下乡讲课之路。寒风、烈日，都不能阻止崔广的脚步。这是气象事业所系，也是他的情感所系。

1997 年，以气象科技为支撑，借助行政手段，适时早播在全市大面积铺开。气象科技在粮食种植业上的应用，使阜新市的粮食产量有了历史性的突破，仅适时早播一项技术的应用，就使粮食单产增加了 50 千克左右。“七五”期间全市粮食产量 10 亿千克飙升到“十五”期间的 18 亿千克，气象科技发挥的引领和催生作用，在阜新尽人皆知。

也就是这一年，崔广根据多年对阜新气象资料的研究，主编了《阜新气候手册》。这个厚达 92 页的小册子，记载着阜新一年四季的气候特征，朗朗上口，好记好懂。一时间洛阳纸贵，小册子供不应求。新华社还以《阜新干部“气候”随身带》为题向全国播发，全国有 30 多个省、市、县的气象部门及有关部门来信、来电索要这个手册。阜新人把这本小册子戏称为“老天爷的电话号码本”。

农业种植业结构调整，是我国农业经济面对市场经济挑战所采取的必然选择。“仅仅种高粱、玉米等农作物，还是无法提高农民收入，只有调整种植结构，才是脱贫致富的根本。”于是，崔广多次请教省农科院和农业专家，根据富荣镇、大固本等十几个乡镇多年种植花生的经验，最后他认定花生是耐旱作物，而且附加值高，在阜新值得大面积推广。崔广提出了《关于建设阜新花生生产大市的建议》，得到了市委、市政府的支持。从 2002 年开始，阜新的花生种植面积逐年增加，由过去的不足 10 万亩（1 亩≈ 0.0667 公顷）一跃上升到 60 万亩，2003 年后达到 100 万亩，年产稳定在 1.5 亿千克以上。花生品种也从过去单一的白沙 1016，试验培育出了四粒红、阜花 7 号、锦花 4 号和莲花 3 号等优良品种，花生不但成为产业结构调整的主打品种之一，其产品还打入了国际市场。

封山禁牧、提高单产、发展林下经济、发展优良饲草……崔广的提议被市政府一一采纳。试种生姜、榨菜、优质高粱……凡是农民想的，崔广都热心研究。阜新市副市长敖秉义说：气象科技的参与，使阜新农业从“苦恼”变为“快乐”，这是一个质的飞跃！

踏遍青山，收获苍翠。把“改变家乡贫困面貌”的理想同党和人民的事业紧密联系起来，同阜新的发展和人民群众的切身利益紧密联系起来，崔广充满激情地耕耘在家乡的土地上。

以前，天气预报是社会上流传的“四大不准”之一，还存在“报不报在我、准不准在天，信不信在你”的思想观念和服务方法。崔广提出，气象部门只有自觉地、积极地为农业服务，为振兴地方经济服务，才有存在的价值。为农业服务和为领导决策服务要有针对性、超前性、科学性和实用性，注重气象科学技术转化为生产力，注重气象服务效益。他最先在全省乃至全国提出重大天气过程服务要“全过程，一条龙”，开展“三个预报”，除了常规的重大天气过程前预报外，还要开展重大天气过程中的实时预报和重大天气过程的结束预报……崔广对“气象”的执着让人钦佩，但崔广对农业的痴迷却不能获得认同，有人认为崔广“越位”，是“种了别人的田”。对此，崔广有自己的解释：“我这个气象局，是‘大局’的局，这个‘大局’，就是发展阜新农业，为这个‘大局’，我这样做不是‘越位’，而是‘到位’。”

逐雨——借天公之水润河山

2004 年 9 月 16 日，暖风拂秋阳。阜新市气象局院里洋溢着节日的气氛。由市委副书记于言良，市委常委、宣传部部长张万勤，副市长敖秉义率领的慰问团来啦！职工们的兴奋之情溢于言表。当市领导把一面写有“科学预报造福人民，人工增雨服务转型”几个大字的锦旗舒展开时，崔广激动了，一双有力的大手竟有些颤抖。市委、市政府向职能部门送锦旗，这在阜新的历史上还是第一次，那字里行间饱含着全市人民的感激和期盼之情啊！

自古以来，人类就期盼着呼风唤雨，但最终却不得不归于梦想，直到科学昌明的 20 世纪，人类才有了探索其奥秘的机会。在这支队伍中，崔广，无疑是勇敢的实践者。

阜新十年九旱，水，对阜新太重要了。向天要水——实施人工增雨，成了市气象局一项重要的工作。

阜新地区的人工增雨始于20世纪70年代，土炮、土火箭、“三七”高炮陆续上阵，但效果不是十分理想。

1991年，阜新开始与相邻的朝阳市联合租用飞机开展增雨作业，一有天气过程，崔广亲自赴朝阳参加增雨作业指挥。2000年，阜新市开始独立租用飞机增雨，崔广的任务更重了。每年一进入4月，他就忙碌起来，一个月在家住不了几天，因为他肩负着人工增雨作业地面总指挥的责任。

就是因为这份责任，为掌握第一手资料，崔广无数次登上增雨飞机，挑战飞行禁区。每年增雨季节，崔广都连续六七十个日夜守在气象局，唯恐微小的降水过程“溜走”。

11年前，崔广老伴脖子上长了个瘤子，在阜新检查时医生都怀疑是恶性肿瘤。把老伴送到沈阳的医院后，崔广马上返回阜新，因为一次人工增雨作业即将开始。老伴躺在异乡医院的病床上，悄悄地抹着泪。直到做手术的前一天，医院要求必须由家属签字，老崔才风风火火地从朝阳增雨现场赶到沈阳，第二天又急着返回阜新张罗他的人工增雨。

崔广并非不近人情。2004年端午节那天，孩子们都回来了，全家想吃个团圆饭。可崔广说想陪人工增雨机组人员吃顿饭，他说：“人家为咱阜新抛家舍业的不容易，过节了，人家也想团圆。”孩子们说：“那我妈咋办？”崔广想了想，说：“那我把你妈也带上吧。”饭桌上，崔广对机组的孙机长说：“这么多年，我欠老伴儿很多啊！今天把她也带来了，咱大家在一起吃这顿饭。”

2001年春，阜新市遭遇50年来最旱的春播期，全市平均降水量不足6毫米，比往年同期降水量少近76.6％。4月28日，通过卫星云图得知，阜新地区上空会有少量降水过程，“就是有一片云彩也要放两炮，多下一毫米也好。”崔广可不敢“浪费”宝贵的资源，人们因此笑称他是“雁过拔毛，云过挤水”的气象局长。

4月30日，增雨飞机在雾蒙蒙中起飞。坐在地面指挥台的崔广紧盯监视器，跟踪飞机的作业状态。猩红色的火焰从飞机两侧的碘化银燃烧器排出，迅速向空中飘散……指挥室里，崔广紧张地记录实况、核实资料、观看卫星云图……飞机飞行了5个小时，崔广5个小时没下指挥台。只一会儿工夫，窗外传来雨声，仿佛天籁，让崔广陶醉不已。这一次，阜新地区平均降水3.5毫米。在随后的火箭增雨作业中，有20个乡镇的降水量居然达到8毫米。“全市大部分土地都可以下种了。”崔广如释重负。

然而“好景不长”，到了6月，干旱又席卷而来。远望，本该青绿的大地一片枯黄。为抓准飞机增雨作业时机，这次，崔广已3个昼夜没睡安稳觉了。3天里，他指挥飞机起飞6架次，发射了近百枚火箭。当淅淅沥沥的雨终于洒落时，已困乏之极的崔广却没了睡意。夜雨敲窗，多么富有诗意的时刻啊！

没几天，大地泛起了绿色，农民们开始补种各种作物。崔广欣赏着迟到的“春耕”景象，又开始谋划下一次增雨作业。

在崔广有关“干旱”的记忆中，2006 年 8 月的罕见伏旱不能不提，当时辽西 60 多万人出现饮水困难。这年夏天，崔广一直在焦虑中度过，老天不青睐他的执着，吝啬得没给他多少增雨的机会。崔广开始琢磨了：在与大自然的相处中，人是否还有更大的潜力呢？

事实上，阜新市人工增雨有着辉煌的历史。从 1991 年进行人工影响天气作业以来的 16 年里，阜新租用飞机实施人工增雨作业时间近千小时，飞行数百架次，使阜新地区的年增雨量达到 20％以上，累计增加降雨量 600 毫米，相当于阜新大地增水 60 亿立方米！

水，是生命之源，大地回报以春华秋实。在追风逐雨为“水”忙的日子里，崔广用纯色的爱，书写了一个气象工作者对土地的敬仰，对人民的深情，对党的忠诚。

追风——让阜新的资源效益最大化

农历丙戌年春节，辽西大地的西北风像柄利刃，刺得人身上生疼。雪，无声地下着，为新春送来洁白的礼物。在万家聚首迎新的日子里，崔广却在忙碌着另外一件事——用他自己的话说，就是在“跑风”。

阜新正在筹划建设百万千瓦大型风电场，作为市风力发电领导小组副组长，崔广的忙都与风有关。在阜新，海拔在四五百米以上的一座座山上，如老虎沟、排山楼、千佛山、大金沟……如今都竖起了风塔或风机。面对此情此景，也许人们要问：在一个曾经以“煤电”辉煌半个多世纪的阜新，何以又大兴风能建设呢？

曾被誉为“煤电之城”的阜新在经过了新中国半个世纪的发展和煤炭开采之后，作为不可再生资源，原煤的年开采量已从 20 世纪 90 年代的 1200 万吨下降到现在的 800 万吨，作为一座城市的主要经济支柱，煤炭资源锐减意味着必须另寻他径。

2002 年初，阜新市气象局协助辽宁省发改委进行金山风电场风力观测，崔广就把目光盯上了风能发电，并开始跟踪风场情况，积累资料。

2003 年底，金山发电场正式并网发电对崔广的触动很大，他决定以一个政协委员的身份建言献策。崔广认为，阜新发展风力发电有明显优势：阜新地处北半球北支急流影响区内，明显地受东亚季风的影响，且境内地形有利于加大风速，风能资源相当丰富。这年，一纸《关于建设阜新百万千瓦风力发电场的调研与建议》的提案犹如平湖投石，在市委、市政府领导心中引起了强烈的震动。

在提案里，崔广阐述说，风力发电已成为世界增长最快的能源，其年增长率已达30%左右。辽宁是缺电大省，按每年风力发电2.5亿度计算，每年可节约原煤14万吨，节约净水4亿吨，减排二氧化碳31万吨……

“搞风力发电！”年底，阜新市委、市政府在几经权衡后拍了板。

“阜新风沙大，一年刮两次，一次刮半年。”阜新发改委办公室常务副主任徐春义是“坐地户”，对阜新的风他深有感受，“现在终于有能力化害为利了”。

2004年初，崔广对风力发电设想开始进行考察，他咨询了许多专家，从国家宏观政策到具体如何实施都相当透彻地了解了一遍。

崔广从最基本的风力资源普查开始，这也是最艰难的开始。为了把阜新风资源的情况摸准，崔广带领一班人，风餐露宿，不辞辛苦，几乎跑遍了阜新的每一座山。两年里，行程8000多千米，穿烂了5双鞋，人瘦得只剩百十来斤。

每次去风场勘查，为了节省时间，崔广总是坚持把场址考察完后才下山，下午两三点钟才能吃上饭、喝上水是常事，以至于他的老胃病经常发作。为测风，50多岁的崔广和小伙子们一起爬坡越岭，无数次刮伤、摔伤，无数次冻得失去知觉，他却从容笑对。一年冬天雪后，崔广带车去哈达户稍金皋风场普查。车在山脚下缓慢前行，忽然，崔广喊了起来：“停车——”向导下车看究竟，刚刚向前迈出两三步，人就一下子陷入齐腰深的雪坑里，“天哪——”大家惊呼，一场灾祸擦肩而过。

一次到阜蒙县紫都台乡勘测平顶山风场，海拔高度620米的山上，坡度40°～60°。为了赶时间，崔广决定从比较陡的西坡上山。时近晚秋，漫山遍野的丁香树在他身上划出了道道伤痕。他左躲右闪间，一脚踩空向坡下滑去……胳膊和腿立时伤痕累累，渗出血来，他简单处理伤口后继续登顶勘测。晚上洗脚时，细心的老伴给他数了数，光左腿就有大大小小的伤20多处！

2005年，崔广编制了《阜新市百万千瓦风力发电发展规划》，确定了阜西、阜北、阜彰、彰东等7片风电场。同时建议把阜新百万千瓦风力发电场建设作为阜新经济转型的新项目，与火力发电、煤矸石发电一起重铸阜新能源新优势，为市委、市政府决策提供了重要依据，为阜新发展风力发电打下了坚实的基础。

经过努力，华能50万千瓦风力发电项目落户阜新，阜新市副市长敖秉义说，崔广立下了汗马功劳。的确，这个项目来之不易，当时主动与华能公司合作的城市有好几个，而且阜新并不算是最好的风场。但是，由于崔广抢了个“早”字，抓了个“实”字，阜新风场的数据最详实，华能新能源公司的总经理半开玩笑地说：“我们来阜新投资就是奔老崔来的！”

如今，屹立在阜新几十个乡镇山梁上的42个测风塔，已吸引了以中国五大电力集团之一的华能公司为代表的一大批风电投资商来阜新洽谈投资。继华能公司后，辽宁能源公司、武汉凯迪公司、沈阳奥创公司以及美国、法国、西班牙、挪威、丹麦的相关企业都准备在阜新投资建设风电场。在“十一五”期间，阜新将建成60万千瓦、总投资60亿元的风力发电厂。那时，阜新将成为一个风电之都，可增加地区税收1亿多元。在不久的将来，人们将目睹一个新型“风电之城”的崛起！

向地要粮，向天要雨，向风要电，向科学要天气预报的准确性，向自己的辛勤劳动要人民的富裕生活——这，就是一个气象局长的追求，一个共产党人的情怀，一个党员干部用毕生精力锻造的精神世界！

（来源：《中国气象报》，2007年6月26日，作者：李赛 徐凤莉 王奉安）

谭晓光：前进路上步不停

5 月 3 日时近中午，一辆红色桑塔纳小轿车在首都喧闹的街道上驶过，在北京市气象局业务楼前停了下来，在同志们欢迎的掌声中，刚参加完五一全国劳模和先进工作者表彰大会的谭晓光回到市气象局。

谭晓光，这位北京市气象局科研所计算机室主任、高级工程师，他的名字和事迹近些年曾多次出现在首都一些报纸杂志上，在电台电视中播出过，他还是那个老样子——瘦身材，事业迷。

记者对他进行了采访，请他谈谈作为气象部门的先进工作者出席这次表彰大会，受到江泽民总书记和中央领导接见的感受和体会。

讲起成绩和感受，这位已过不惑之年的气象劳模显得少言寡语。

“哎，实在没有什么可说的，参加这次大会，确实感到光荣，可也感到惭愧。正像中国气象局领导同志接见我们三位气象代表时所讲的，所获得的光荣称号，不仅是个人的光荣，同时是气象部门的光荣，荣誉是属于大家的。我觉得自己的工作做得还不够，党和人民给予我这么高的荣誉，今后我会更加努力地去干好本职工作，把荣誉当成动力，报答党和国家的培育以及同志们对我的鼓励和帮助。”

一番简短的交谈过后，记者又问到他目前的主要工作和目标打算。

谭晓光介绍，新的市局业务现代化计算机系统的引进和项目开发已经在启动了，要进行技术人员培训、知识更新、掌握操作调试等，等到新机器到货时，他还要去香港参加为期半个月的培训，任务是很重的。现在他和同事们正在研制“智能化天气预报工作站”新系统，同时也承担着中国气象部门“9210 工程”项目中的组成部门之一“人机交互系统”设计等。说到目标，他表示要和同事们努力，争取使这套现代化系统在为首都做好气象服务中更好地发挥出威力和效益，使科技业务成果达到 20 世纪 90 年代的国际先进水平，使我们的预报人员更好地应用现代化装备和先进手段，提高天气预报准确率，为人民群众造福。

看来他已经把工作安排得很满很紧了。对于谭晓光和他的同事们来说，风帆正扬起，科技之海远航，风雨征途。勤奋之舟是绝不会搁浅的。谭晓光和他的战友们正在祖国气象事业前进的道路上努力拼搏向前，步伐不停！

（来源：《中国气象报》，1995 年 5 月 25 日，作者：曹冀鲁）

赵玉洁：一颗赤诚心 开辟气象风雨路

“云雨未至，玉洁先行”——见到47岁的天津市东丽区气象局局长赵玉洁时，她干练的气质、简洁的话语、爽朗的性格，让人一下子感受到了她在工作中的激情。

25年的基层气象工作经历，让她实现了从预报员到管理者的角色转换。但不论置身哪种角色，她总有一股子拼劲，那热忱和责任感令人动容。

与风雨竞速

1992年，赵玉洁从南京气象学院（现南京信息工程大学）毕业后，被分配到天津市塘沽区气象站（1996年改为塘沽区气象局）担任预报员。

塘沽靠近渤海，当地人大多以海为生，海上大风和风暴潮是他们关心的重点。因为服务对象以港口企业和渔民为主，赵玉洁对海上大风、风暴潮和暴雨等天气现象格外上心。经过几年的经验积累，她成为了全局预报员中的佼佼者。她还针对滨海新区风暴潮预报方法、渤海湾海锋风触发强对流天气的预报技术、滨海新区台风、气旋风暴潮相似预报方法等展开科学研究，主持开发了开发区防汛调度指挥气象信息系统、滨海新区大港高密度海水安全养殖气象保障服务系统等业务平台。因表现优异，2015年，她被评选为“全国优秀预报员”。

也是从那一年起，赵玉洁开始担任塘沽区气象局副局长，分管业务。从上任开始，她的手机从未关过机；一有天气过程，便能在台里看见她的身影。她深知预报员的辛苦与压力，她站在预报员身后，为他们助阵、给他们打气，也与他们站在一起，共同研判复杂天气。

做一块砖石

2012年，赵玉洁从塘沽区气象局调到大港区气象局。那一年恰逢她的儿子高考，但她服从组织安排，舍小家顾大局，到离家40千米的岗位上主持工作。

在大港，赵玉洁带领职工走访各街道、南港工业区、农业种植养殖大户，在关键时刻主动服务，为防灾减灾抢得先机。2013年7月1日至2日，大港出现强降水过程，赵玉洁主动为政府及相关部门、南港企业及全区 74 个自然村气象信息员发布强降水预警短信，在单位连续值守了 3 天。为调查灾情，她深入受灾最重的大港油田查看积水情况、对接需求，此后带领业务人员研发了“大港直通式气象服务平台”，为防灾减灾提供了重要依据。

2014 年，赵玉洁又调任东丽区气象局局长，这次她离家更远了。用她的话说，“孩子在异乡上学，丈夫在滨海上班，而我在东丽工作，可以说是常年三地分居。”即使这样，她还是把全部精力投入到工作中。经过几年努力，东丽区气象现代化建设在全市名列前茅：通过积极争取地方政府支持，区政府将气象工作纳入街道年度目标考核；气象电子显示屏、气象信息服务站、气象信息员协理员实现全区全覆盖；气象为农服务工作纳入区“十三五”发展规划和公共财政预算；所承担的国家“三农气象灾害防御体系建设项目”在验收中获满分……

2017 年，第十三届全国运动会在天津召开。东丽区气象局承担了柔道、篮球、赛艇、皮划艇 4 个比赛项目及火炬传递活动的气象服务保障工作。赵玉洁带领服务团队多次走访赛事竞委会，深入了解气象服务需求，编制服务方案，连续 23 天在户外坚守，为竞委会和技术专家提供各时段精细化现场预报。由于赛艇项目的专家技术组包含国际赛艇仲裁委员会外籍技术专家，赵玉洁又成了赛事翻译，并指导制作发布中英双语气象服务材料，得到竞委会和外籍专家的特别好评。

为了抓住大数据时代的新机遇，赵玉洁组织创建了“东丽天气”微信公众号，首次提出“把服务民众，服务企业的宗旨与平台相结合”理念，开通了免费气象灾害证明特快专递通道，解决了公众服务“最后一公里”问题。

当良师益友

赵玉洁非常关心职工的工作和生活。她时刻不忘培养年轻人，为年轻职工提供培训学习的机会，在业务工作中制定激励机制。每位新职工入局，她都坚持手把手教学，常年与青年职工分享气象研究成果，交流心声。

在生活中，她是“大家长”。单位的年轻人大都家在外地，她就像一个亲切的大姐，关心着每一个人的生活。新来的职工有单身的，她都记在心里，尽自己最大的努力“牵红线，搭鹊桥”；年轻人买房子征求她的意见，她会牺牲周末，一次又一次地陪着他们实地考察，给出建议。大家都觉得，能生活在这样温暖的大家庭里非常幸运。

作为一名女性业务型管理干部，她将全部心血、热情都投入到工作上。而作为一名气象人，她在平凡的岗位上执着追求、兢兢业业，让平凡的生活绽放出不一样的色彩。

（来源：《中国气象报》，2018 年 2 月 6 日，作者：张妍 张莹）

赵彩萍：为了一方水土平安

山西以山多著称，天气气候复杂，山西气象工作者一年四季都很繁忙。山西省太原市气象台台长赵彩萍在气象基层业务一线奋斗了 37 年，承担着太原市气象台天气预报服务技术把关任务。她准确预报了 2013 年“4・19”最晚春季寒潮暴雪、提前发布了 2016 年“7・19”罕见大暴雨的预警等，圆满完成了太原国际马拉松比赛、太原国际能源博览会、世界晋商大会和 2014 年第四届大学生龙舟锦标赛等重大活动的气象保障任务。

2017 年 7 月 18 日，赵彩萍发现，有一次天气过程可能会给太原带来几年不遇的大雨。反复查看气象资料后，她坚信自己的判断，立即签发《太原地区将出现较强降水过程重要气象信息》，指出 7 月 18 日至 20 日，太原将出现较强降水天气，并及时将报告报送至有关决策部门。

当日 18 点，大雨倾盆。由于提前发布暴雨预警，全城早已采取应对措施。数据能够证明赵彩萍为这座城市做出的贡献，不到一天时间，46 个区域自动气象站观测到的降水量达 100 毫米以上，降水量级已超过 1996 年 8 月 4 日太原致灾洪水。

除了业务工作，赵彩萍还积极探索，致力于城市防灾减灾研究。近 5 年，她主持完成“城市高影响天气特征和成因分析”“大城市逐 6 小时精细化气温预报方法研究”等研究，对地质灾害预报预警系统进行升级改造；参加“太原强降雪天气结构特征及预报研究”“太原市空气质量指数和污染物浓度变化特征及与常规气象条件的关系研究”等课题。她完成的研究成果全部投入业务运行，推进了研究型业务的开展，提升了预报服务能力，并在城市防灾减灾工作中取得显著的社会、经济效益。

赵彩萍满腔热忱，积极投身气象科普工作，担任太原市气象学会理事长、省青少年科普教育基地负责人，承担着全市气象科普工作任务。每逢世界气象日、国际儿童节及气象台社会开放日，她都会在科普教育基地、学校、社区讲解气象知识和防灾减灾常识，捐赠科普图书。从 2015 年到 2017 年，她积极联合市科协在太原市各大公园举办科普画廊展，有效扩大了科普受众群体，加深市民特别是青少年对气象科学的了解。

这样的她，在单位赢得了称赞和尊敬，是大家喜爱的“赵老师”。这样的她，心里却有一块柔软的牵挂。由于工作职责，遇到有重大天气过程或灾害天气时，她都要坚守岗位。她那从小害怕打雷闪电的儿子，儿时就知道这样的天气一到来，妈妈就要去工作了。2013 年，她的儿子高考，恰逢太原雷阵雨天气，孩子希望妈妈能陪着去考场，但赵彩萍却没能答应她儿子的请求，毅然留在了工作岗位上。

提起儿子，赵彩萍心里总是很愧疚。但如今已经走上工作岗位的儿子明白妈妈心里装的是“大家”，为的是最大限度降低一方水土的灾害损失。

今天的气象工作者有时代赋予的使命和职责，有许多赵彩萍这样的气象工作者，正以高度的责任感、执着的追求，创造着辉煌灿烂的气象新时代。

（来源：《中国气象报》，2018 年 1 月 23 日，作者：武雅丽）

孟丽红：坚持所爱 风雨不移

“坚持所爱，风雨不移。不问艰辛，只听初心。”刚刚获得“全国五一劳动奖章”的孟丽红，言语朴实，却掩不住对气象观测业务的热爱。自 2012 年踏入气象部门至今，孟丽红从气象“小白”成长为全国气象行业职业技能竞赛第一名，用不懈奋斗的脚步刻录着基层气象观测工作者的荣光。

初入行业：这个气象“小白”不简单

2012 年，孟丽红初入河北省沧州市南皮县气象局。彼时，各类气象要素观测人工与自动并行，观测人员需要熟练掌握业务理论和操作技能。对于孟丽红而言，要想成为一名预备上岗的观测员，首先要通过上岗考试。

“这么专业的领域，我这个气象‘小白’能行吗？”孟丽红的心事被单位领导和同事细心察觉。他们一边耐心细致地言传身教，一边打气：“你至少需要学习 3 个月，只要用心学、踏实学，一定没问题。”

为了能早日上岗，孟丽红主动提出每天跟班学习。定时观测时，她带着纸笔跟在老观测员后面读数、抄写；平时，她抱着《地面气象观测规范》和编码书逐字逐句地研究，不懂时就追着老观测员请教；看书的空当儿，她还会戴上墨镜到院子里学习观云识天……“小跟班”当久了，孟丽红对业务的了解逐步加深，热爱气象的种子也悄悄在心中扎了根。

“遇到问题喜欢刨根问底，学习能力很强，还善于下苦功夫。”这是老观测员对孟丽红的评价。就这样，她以最短的学习时间通过了测报员上岗考试，并且几乎获得满分。

自学精进：让实践检验专业技能

正式独立值班后的每一个班次，孟丽红都兢兢业业、不敢疏忽，即使是休息日，也在心中提醒自己：何时接班，几点去观测场记录数据。在她看来，严格按规定时间准确采集气象数据，是工作，更是责任。

为了提升业务能力，孟丽红把业务书籍当作最好的伙伴，且不满足于仅仅阅读有关地面观测的书籍，而是广泛涉猎、汲取营养。“边工作边学习的状态，让我乐在其中，不仅加深了对气象工作的理解，还在短时间内迅速提升了能力。”

随着地面观测自动化的推进，人工观测项目逐渐被气象仪器观测取代，这对观测员的装备保障能力提出了更高要求。“万用表”的使用、仪器螺丝的安装、故障的排除……孟丽红刻苦钻研，边动手操作，边看书积累，很快成长为熟练掌握观测仪器测量方法、日常维护、故障排查等技能的业务能手。

2017 年汛期的一个夜晚，雷声轰鸣、风雨交加，正在值班的孟丽红发现，雨量传感器在两分钟之内未显示降水量。她第一时间意识到可能是仪器出现了问题。经过与备份站对比后，果断确认异常。她立即拿起工具冒着风雨冲向观测场，沉着检修、排除故障，全然忘了头顶一个个霹雳作响的惊雷。孟丽红的机敏反应和过硬技能，最大限度确保了观测数据的可用率。

破茧化蝶：在集体中发光散热

孟丽红看起来文文静静，骨子里却透着一股子执着和韧性。这股劲儿，从她参加全国气象行业职业技能竞赛的经历便可见一斑。

2016 年，孟丽红成为河北省参加全国气象行业职业技能竞赛的集训队员之一。集训的每个夜晚，她几乎都是抱着书睡着的。由于此前较少接触预报业务，孟丽红下了一番狠劲儿：在预报专家手把手的指导下，从软件应用到系统分析，勤加练习，逐一突破，扎实掌握了这项专业技能。

最终，孟丽红在与全国 105 名气象工作者的同台竞技中脱颖而出，取得个人全能一等奖。“这场竞赛于我而言像是一个系统培训的过程，收获良多。”

2018 年，她成为河北省气象局备战当年全国气象行业职业技能竞赛的教练组成员，竭尽全力帮助队员。“她陪我们一起学习，给我们监考，十分有耐心。”“她平时话不多，但总能把事情做得特别好。”“她总是乐呵呵地帮大家排忧解难，从不推托。”这是同事们对孟丽红的评价，也是孟丽红在发光散热中带给集体的能量。

“气象改革发展不断前行，总有新事物出现，总有新内容需要学习。我相信，眼界越宽广、心态越平和，路就愈平坦。”孟丽红说。

（来源：《中国气象报》，2019 年 5 月 6 日，作者：谢盼 杨帆 刘冉）

贺勤：扎根边疆 厚植科研沃土

1989 年 4 月，内蒙古自治区伊克昭盟气象处工程师贺勤被国家气象局授予“全国气象部门劳动模范”称号。这年 9 月，她又荣获国务院授予的“全国先进工作者”称号。当时，中央和地方的十几家新闻单位详细报道了她扎根边疆、无私奉献的感人事迹。

最近，趁贺勤到呼和浩特向有关部门汇报工作的机会，我们在内蒙古气象局招待所采访了她。

与 4 年前相比，56 岁的贺勤似乎没有什么变化，只是腿脚不那么灵便了，上下楼梯离不开扶手。但话题一接触到工作，她的情绪就高昂起来。人们不敢相信坐在我们面前的，竟是一个患有严重冠心病、高血压和糖尿病的女性。

贺勤把工作视为第一种幸福。她一直坚持在天气预报第一线，从事业务工作。她先后主持承担了自治区自然科学基金会下达的两项科研课题。其中，《内蒙古中西部半干旱及沙漠地区暴雨出现规律及其预报研究》已于 1990 年通过鉴定，并获伊克昭盟科技进步一等奖。1991 年，她又承担了为期 4 年的《毛乌素沙漠变迁与气候》科研课题，现已基本完成。4 年中，她围绕这两个课题撰写论文 15 篇，有的论文还在国内外学术会议上作了交流。这些科研成果得到了专家学者的好评。新华社记者发了两次通稿，国内几十家报纸、电台，以及香港《晶报》、澳门《华侨报》予以转载。中央电视台的《神州风采》节目，介绍了她的业绩。

今年（1993 年），波及内蒙古西部的“5·5”黑风发生之后，贺勤又主动承担了内蒙古风暴的研究任务。不到 3 个月的时间，她已普查了公元前 205 年至 1992 年的大风史料，收集了 100 多个风灾个例。

1992 年 9 月 24 日，贺勤随处领导下站，抄录科研所需材料。途中，乘坐的尼桑车与迎面开来的载重车意外侧面相撞。贺勤面部受伤，流血不止，被送到医院缝了 6 针。10 月 18 日，伤势未愈，她就到区外参加会议去了，因此留下了头痛的后遗症，视力也有所下降。领导为照顾她的身体，安排她到青岛疗养，她考虑再三，还是婉言谢绝了。

在这 4 年中，贺勤先后晋升为高级工程师，被任命为盟处总工程师。职务的升迁，对她来说既是压力，又是动力。她决心在退休之前，做好两件事：一是圆满完成目前承担的科研课题，二是带出三四个年轻人。她说，在人生的道路上，我要划上一个完整的句号。除此之外，别无所求。

然而，这正是一名共产党员的追求。她仍在气象科研这块沃土上，辛勤地耕耘。

（来源：《中国气象报》，1993 年 10 月 18 日，作者：任致中）

张玉书：三十年坚守 与农业气象须臾不分

35 年前，高考报志愿的前一天，她心想学气象也挺好，在志愿表上填下农业气象专业。35 年后，她成为辽宁省乃至全国农业气象领域的专家。她就是张玉书，中国气象局沈阳大气环境研究所的二级正研级高级工程师。在几十年里，张玉书不断思考，苦心钻研，在农业气象领域不断突破，见证并参与了中国农业气象技术的发展。

因为热爱 所以专注

张玉书自 1986 年从沈阳农业大学毕业以后，一直从事农业气象研究，一做便是 30 多年。她一直认为，8 小时之外的时间非常重要，一年又一年，自愿放弃年假投入到工作中。压力在所难免，她排解压力的方式就是在空气清新的地方散散步、侍弄侍弄庭院的花草，短暂放松后又继续全身心投入工作当中。

温和又慈祥的大姐姐——这是张玉书团队中的成员对她的评价。一位和张玉书共事 20 年的同事说：“她是我们团队中的领路人，一直以来，她都是我们的榜样，带领团队取得了一项又一项成绩。”

“静下心来，认真专注，才能做好一件事。”谈到如何取得了今天的成绩时，张玉书这样回答。她一直工作在科研一线，自 2003 年评聘正研级高级工程师以来，她主持国家及省部级项目 18 项，在核心期刊发表论文 80 余篇，撰写专著 4 部，主持及参与 3 项国家标准的编制，取得 3 个业务系统软件著作权。

谈到自己的科研追求，张玉书最大的期望是让科研成果真正做到为农服务。为了这个目标，她默默坚守。

2015 年，辽西北地区出现严重夏旱。张玉书带领团队去辽西北的村屯进行实地采样验证，早上天刚亮就出发，晚上太阳落山才返回，这样的状态持续了近一个月。他们每天到田间地头与农民进行交流，在现场实地采样，判断干旱机理模型是否符合实际。

针对这次夏旱，她带领团队完成了受旱地区各个行政村的精细化干旱损失评估。评估结果赢得了政府、农险公司和投保农户等相关方的认可，为农业政策性保险定损赔付提供了科技支撑。

“技术是我生命中的重要部分”

站好每一班岗，不断充实自己，认真做试验，这是张玉书每天的常态。“技术是我生命中的重要部分。”提到自己的技术，张玉书脸上露出了自信的笑容。

作为辽宁省农业气象领军人物和首席专家，张玉书带领团队积极开展相关研究工作，并及时将成果转化为业务，提高了气象为农服务的科研业务化水平和能力。新一代灾害精细化定量化监测评估模型、农业干旱精细预警与动态监测评估技术……她和团队开发的新技术成为破解农业保险赔付的关键。此外，张玉书主持开展了东北粮食生产格局的气候变化影响与适应研究，完成了光能资源、热量资源、水分资源 3 大类 150 张农业气候资源要素时空分布图集。

“科研工作虽然单调、枯燥，但从中依然能寻找到快乐。”张玉书觉得每天与科研打交道是一件幸福的事。“当实验结果与预期一致时，她会兴奋得像个孩子！”张玉书团队的同事描述道。正是这种对科研的热情，成就了今天的张玉书。

每年春播时节，张玉书总会带领团队来到村屯的田间地头进行实地采样，年过半百的她身着一身运动服，总是走在年轻人的前面。“只要在岗一天，我就会一直坚持下去。”朴实的话语，流露出张玉书对农业气象领域的执着与坚守。

（来源：《中国气象报》，2018 年 1 月 31 日，作者：张晓满 何军 孙艳云 张郁）

周儒锵：鸿雁不南归

对于广东乡音未改的周儒锵来说，在 30 多年的北极村生涯中，其他事发生的时间可能都已在他的记忆中模糊，唯独 1995 年 8 月 1 日让他刻骨铭心——那天，他结束了大半生从事的气象工作，退休了。

那正是北极村少有的短夏，夕阳余光迟迟不肯落下，用它最后的色彩涂抹着广阔的天际。周儒锵交接完工作，慢慢站起来，默默走出气象站，在观测场前，他竟不敢再回头望一眼。这个由他亲手建造的凝聚着他全部心血的小站，此刻竟使他思绪万千。

今年（1996 年）62 岁的周儒锵出生在广东省新丰县龙文村。他曾经参加抗美援朝战争，复员后，他响应号召毅然北上。在国家 3 年严重困难时期，他先后到过沈阳、长春、哈尔滨、黑河，与同事们克服重重困难，扩建、复建、新建了 6 个气象站，越走越往北。

1962 年秋天，当时只有 28 岁的周儒锵突然接到去漠河的调令，他在中国地图上找了好半天，才知道漠河就是地图最上面的一个小黑点。贤惠的妻子听他说要出发的消息后愣住了，半天才犯愁地说：“我们结婚 5 年，搬了 4 次家，刚刚安定下来，你又要把我们扔下。咱家的孩子小，你的小弟弟正患肺病需要人照顾，你能不能不去？”可周儒铿没有因此而犹豫。1962 年 9 月 22 日，他撇下妻子、儿女和患病的小弟，乘封江前的最后一班船沿黑龙江上行，走了近半个月，行程 900 千米，终于到达了漠河。这一去，周儒锵使开始了他 34 年的北极村气象生涯。

当时的漠河，交通和通信极为不便，没有铁路、公路，运送物资和沟通信息全靠江上木船和冰上爬犁。报纸、信件最快也得十天半个月才能收到。最让周儒锵难以忍受的还是那里的寒冷。漠河年平均气温在 –4.9 ℃，冬天最低气温达到 –52.3 ℃，“三九天”的深夜和凌晨，就是穿着皮袄、毡靴，戴上大皮帽子，出屋观测也会被冻个透心凉。

就在这种艰苦的条件下，周儒锵毅然挑起了观测员、预报员、报务员三副重担。他一天最多休息 5 个小时，加班加点把积压多年的原始气象资料报表整理出来，及时发往北京。在不到一年的时间里，周儒锵与同事们就把小站重新建了起来。一年后，地区气象局决定让周儒锵到逊克气象站任站长，并同时委派了一名同志到漠河接任他的工作。而周儒锵这一次“破例”没有服从组织安排。他连夜给地局领导写了一封长信，信中表示创业时期的漠河站需要他在这里坚守岗位，站长可以不当，但人不能离开。由于新站长已到，周儒锵欣然当了助手。也就是这次，他回到阔别 5 年的家里，把全家接到北极村落了户。

34 年中，能让周儒锵离开的理由不少，能让他离开的机会也有许多，可他都默默放弃了，因为他实在不忍心看着这个国家重要的气象站因人员流失造成“贫血”而垮掉。他先后为本站培养了近 50 名新手，但能在这里扎根的却寥寥无几。周儒锵只好把希望的目光落在自己孩子身上，女儿周素娟和很有希望考上大学的小儿子周学军都按照爸爸的意愿考进了省气象学校，毕业后又都回到了漠河，在这小小的气象站默默地跟着父亲做着艰苦的工作。就连选女婿，周儒锵也坚持要选搞气象、“扎根牌”的。从南昌气象学校毕业的姜别和女儿相爱了，他在北京进修两年，之后也来到漠河，仍在小站工作。当地群众有这样的顺口溜是说给这个“周氏气象世家”的：“漠河有个周儒锵，一家五口搞气象。”

如今，这个气象之家 40 平方米的两间小屋挤住着周儒锵老两口和女儿一家三口，小儿子周学军拖着一条病腿长期住在气象站的储藏室里。地区气象局曾决定拨款为退休的周儒锵在加格达奇或哈尔滨买一套住房，让他安度晚年，但被他谢绝了，他说：“我不想离开这里，也舍不得离开，还是给国家省点钱吧。”

当记者得知周儒锵直到退休还只是中级职称时，露出不解和惊讶的神情，周儒锵很认真地说：“我不够资格，不会外语，又没有专著。”他这认真的解释让在场的人掉下泪来。

这就是只想奉献、不知索取的周儒锵。他 34 年中累计传发情报 99280 次，没有一次迟测、漏测，迟报、漏报，没有出现一次责任事故。他两次被中国气象局授予“劳动模范”光荣称号，先后 28 次荣获县、地、省和国家级“先进工作者”“劳动模范”和“优秀共产党员”称号。漠河气象站连续 8 年被评为黑龙江省、地气象系统先进单位，1989 年还荣获国际气象中心情报交流第 3 名。

南来的鸿雁不愿归返故里，他已在祖国的北极扎下了根。

（来源：《中国气象报》，1996 年 7 月 8 日，作者：张长虹 张松齐 梁桂彦）

王承伟：与“天”会商 其乐无边

“全国气象工作先进工作者”对于个人而言本是极大的荣誉，而当记者向黑龙江省气象台副台长王承伟表示祝贺时，她却一再说这是“贪天之功”，荣誉属于整个气象台。但在王承伟的同事眼中，她获得这份荣誉实至名归。

务实求真 源于对预报工作的热爱

1996 年 7 月，王承伟毕业于南京气象学院（现南京信息工程大学）天气动力学专业；工作 20 余年，先后任黑龙江省气象台中短期预报员、预报领班、首席预报员，绥化市气象局副局长，黑龙江省气象服务中心副主任。

从 2015 年 3 月起，她任黑龙江省气象台副台长兼首席服务专家。用她自己的话说：“转了一圈又回到台里，心里始终割舍不下与‘老天爷’会商的这份情怀。”而在记者眼里，这一切都源于她对气象预报工作的坚守和热爱。

许多预报员都有晚上失眠、睡觉不安稳的“职业病”，王承伟也不例外。她告诉记者，刚从事预报工作的时候，常常如履薄冰。“报错了”不是最让人上火的事，找不到报错的原因才更令她苦恼。

王承伟对待工作有一种异于常人的毅力和认真，她会反复琢磨预报方法，不断归纳总结具有共性的天气过程，提高预报准确率。

温度预报尤其是最低气温预报，在高纬度的黑龙江省是公认的难点，王承伟专门在此下苦功。经过她与同事们的努力，全省最低气温预报准确率明显提高。

2005 年至 2006 年，黑龙江省气象台一批老预报员相继转岗或离职。在预报中遇到难题时，王承伟没有人可以请教，只能靠自己。尽管天气时时刻刻都在考验她，但她还是在与天气“过招”的过程中找到了乐趣。

百炼成钢 重大天气过程“显身手”

自王承伟参加工作以来，除了 1998 年和 2013 年汛期，2017 年是令她感觉压力最大的一年。从春季开始，大风、沙尘、强降温、晚霜冻天气一个接一个，冷涡过程还特别多。作为副台长，她放弃了节假日和休息日，与业务值班人员一起密切关注天气变化。

2017 年 8 月 1 日至 4 日，受台风“海棠”北上及其外围云系影响，黑龙江省出现大范围的暴雨和大暴雨天气。在天气过程来临之前，黑龙江省气象台的预报结论和中央气象台以及周边省的预报结论出现了较大差异。

要知道，较大程度的订正和修正数值预报需要极其丰富的预报经验和勇气。凭借扎实的理论基础和多年的实践经验，王承伟认为这次是数值预报出现了偏差，实际降雨区域位置应该比模式预报结果偏东。面对决策服务的重重压力，王承伟坚持了自己的判断并最终拍板。事实证明，她的判断是正确的，而黑龙江省防汛抗旱工作也因此得到中央领导的肯定。

“全国优秀预报员”“黑龙江省政府防汛抗旱指挥部先进个人”“黑龙江省直机关工委青年岗位能手”“黑龙江省气象局重大气象服务先进个人”……多年来，王承伟收获了许多荣誉，可是在她眼里，在预报研究方面取得进展比这些荣誉更令她感到开心。作为黑龙江省智能网格业务技术支撑组组长，她负责全省格点预报业务技术的建立、业务布局，研究智能网格预报的客观方法。在她的努力下，黑龙江省 48 小时内 3 小时间隔温度预报水平优于全国指导预报。

在年轻预报员眼中，王承伟就是一位知心姐姐，遇到问题都愿意向她请教。每年汛期结束后，她会主动辅导年轻预报员分析历史天气个例，毫无保留地传授预报经验。

“人要实，火要虚。”这是王承伟的座右铭，而她也一直踏踏实实地在预报的道路上不断前行，在与“老天爷”的会商中寻找那份属于自己的乐趣。

（来源：《中国气象报》，2018 年 2 月 12 日，作者：张恒翀 袁长焕）

刘欧萱：让世界领略中国的“云中水滴”

在一片黑色背景的衬托下，悬在空中的蓝色“小球”犹如身处太空看到地球的情景。按下遥控器，“地球”上出现许多正在运动的金色小尾巴，每条尾巴代表一个正在飞行的飞机。再切换画面，“地球”展现的是全球自 1884 年到 2008 年的气温变化……

在 2010 年上海世界博览会（以下简称世博会）上，出人意料地，世博会 159 年来首个独立气象展馆成为最受欢迎的场馆之一。而这一切的背后源于一位虔诚的守望者——刘欧萱，上海市气象信息传媒中心副主任，2010 年上海世博会世界气象馆副馆长。

一切皆为拉近气象与公众的距离

刘欧萱，凡是接触过她的人，都会被她充沛的工作精力、饱满的工作热情和神速的工作效率所折服。同事们都称：“在她的身上，既集中女性的温柔美丽和自信自强，又集中领导干部的精明能干和奋发有为。”

今年 43 岁的刘欧萱毕业于华东师范大学中文系，最早在上海市气象局人事处任职，后到气象信息传媒中心。“我们的日常工作就是解读数字背后的故事。每天都做着看似重复的工作，但其实是不一样的。因为两天里即使是同样的温度，同样的风向，其涵盖的意义也是不同的。”

谈起最初接触上海世博会，刘欧萱称这仅仅缘于一次偶然的机会。“当时，世界气象组织刚刚决定参展，起初，我只是负责收集关于世博气象服务和气象参展的基本资料。”整整两天时间，她“泡”在各种资料中，了解世博会的历史渊源，弄懂了什么是独立参展和联合参展、自建馆和租赁馆的区别等，同时也对世博会产生了浓厚的兴趣。

当被正式委派世界气象馆参展筹备工作任务时，刘欧萱欣然接受，“一辈子能参与一次世博会这样的大型活动，是幸运，也是荣耀。但是，159 年历史上首次独立参展的气象馆，从建设到布展肯定是困难重重，因为没有任何经验可以借鉴。”

下班后回到家，当刘欧萱把这一重要消息告诉丈夫时，“他觉得这个任务太艰巨了，很难完成好，甚至还劝我第二天干脆辞职吧。”可是刘欧萱觉得，身为气象人，在这个时刻绝不能退缩，应该拿出敢想敢拼的劲头。气象局对参展设定的标准非常高，既然气象部门下决心参展，我们就要担起这份责任，就要把创意发挥到极致，把所有资源的效用发挥到极致。

为了达到极致的效果，刘欧萱带领同事们，一个只有七八十人的团队，共同克服了经验、经费等方面的重重困难。“在世博会的平台上，我们的世界气象馆不能建设得比其他场馆差，要走的路只有一条，那就是把气象馆建成有特色的展馆……基建工程刚开始时，我们虽然信心十足，但是那时候情况非常困难。当时大家都绞尽脑汁，都在想如何才能把气象馆做好。面对那片空地，我们没有任何图纸，甚至没有思路和概念。”

在接下来的整个筹备过程中，无论是场馆的设计方案，还是地基、钢结构、膜结构、喷雾装备和内部结构等展馆基础建设，还是等候区、升空平台、气候变化长廊、4D影院、小球世界、世博气象台、气象播报秀和未来气象服务等各种展项的策划与制作，刘欧萱都亲自过目，逐一把关。

“为期半年的世博会结束后，世界气象馆将被拆除，但为了达到安全标准，我们按5年的寿命设计建设展馆，只要是对的，只要能将气象的声音传递出去，拉近气象与公众的距离，我们所做的一切都是值得的。”正是这种韧劲儿让刘欧萱在重压下顽强地坚持着。

为了节省经费开支，她利用气象信息传媒中心的自身优势，制作展馆内的各种宣传短片；跟每个建材、设备供应展商谈“气象”，谈气象馆有科普和科学技术展望的性质，与世博园中的其他企业馆的商业行为有很大的不同，让他们理解气象部门，从而获得支持。“值得高兴的是，在场馆的建设过程中，供应商只要听说我们是气象馆的，都很感兴趣，都非常愿意帮助我们，在所提供建材、设备价格方面给我们很大幅度的优惠，这正是我们的运气所在，也是气象带给我们的运气。”

2010年春节刚过，她便开始把全部精力投入到气象馆的建设与布展中，连续50多天没有休息，心里只有工程、进度、质量，而她的家已然成了寄宿旅店。“在那段日子里，家人都觉得我回家吃饭、休息是不正常的，不回家才是正常的。而我在家里也的确坐不住，心总是悬着，必须赶紧回到世博园，在那里我才踏实。”

在世博上迸发无穷力量的“小水滴”

世界气象馆从无到有，从建设、布展到运维，刘欧萱作为该项目的主要负责人，付出了许多许多。虽然她哭过，也觉得累过，但是却从未放弃过。

终于，在世界气象馆所在的世博园区 B 片区国际组织 02 地块上，曾经的一片荒地建起了崭新的场馆，并以其独特的设计位列“世博奇特建筑”之一，参观者称之为“游上海世博，不能错过的场馆”，国际展览局的评委更是给出了“这是用心建成的展馆”的高度评价。

据统计，预计接待参观人数不到 50 万人次的世界气象馆，在世博会期间接待参观人数总计达 90 万人次。

当上海世博会落下帷幕时，世界气象馆荣获唯一的特别奖。

……

这，无疑都是对刘欧萱以及众多中国气象人工作的充分肯定。“世界气象馆让人们走近了气象，也充分展示了中国气象的实力，更为世界气象工作搭建了一个交流的平台。”而刘欧萱本人，也在这两年来高强度、高密集的展馆建设中，从一个气象信息的传媒人成长为集工程设计、项目建设、大型布展等于一身的复合型人才。

她如数家珍地介绍道：“世界气象组织是联合国有关天气、气候和水的权威机构，目前拥有 188 个国家会员和地区会员。在本次世博会上，气象馆以‘为了人民的平安和福祉’，以‘全球气候变化与城市的责任’为主线，参观者可以详细了解到全球气候变化给城市、给人类的生活带来的巨大影响和危害，通过模拟未来气候变化可能导致的灾难，向参观者推荐和倡导一种健康绿色的城市生活方式，呼吁参观者从身边小事做起，节能减排，共同应对气候变化。而被称为‘云中水滴’的气象馆本身，就体现了对节能减排理念的精准把握。”

更让刘欧萱欣喜的是，不仅仅气象馆，在上海世博园，低碳和环保的理念体现在许多展馆的设计上。法国馆、万科馆、芬兰馆的外面都有水池，可以起到降温的作用；法国馆自然通风，不使用空调；德国馆、新加坡馆、沙特馆部分展区也是利用空气流动的原理来加强通风；新加坡馆还在展馆顶部安装了屋顶花园，来达到降温的效果。改变我们的生活方式，来调节气候、关爱环境，需要全球一起努力。

谈起世界气象馆的名字——云中水滴，刘欧萱将气象工作与水滴做比较：“水滴由液态到固态、气态，周而复始、造福人类。每个气象工作者就是一颗小水滴。这就是气象，就是气象工作。水滴默默地浸润着大地，往往不易被察觉，正所谓润物细无声，然而水滴也能迸发出无穷的力量。同样，气象虽然无时无刻不在人们身边，但是人们对它的了解程度有限。世界气象馆通过‘云中漫步’旅程拉近了气象与公众的距离，让大家知道原来有一支气象工作者队伍，手持科技利剑，时刻战斗在风雨中，护佑人类的安全福祉。”

如今，再次回忆起守望世博、守望世界气象馆的这段奋斗历程，刘欧萱将这两年称为“非人”般的生活，因为“大家在精力上、体力上承受着超乎想象的重负，其中也包括对创意无限追求的自我施压”。已经回上海市气象信息传媒中心任副主任的她笑言：“我们气象人干工作都非常严谨、努力，给人一种神经兮兮的感觉，很可爱的神经兮兮。”

（来源：《中华儿女》，2011 年 3 月 23 日，作者：李菡丹）

戴建华：26 年，在预报的“跑道”上追求卓越

他是预报员中优秀的跑者，跑者中优秀的预报员。他在预报业务一线一干就是 26 年，他就是上海市气象局首席预报员戴建华。他说：“做天气预报和跑步一样，都可以挑战自我，只要树立正确的目标，按照自己的节奏坚持做下去，一定能遇到更好的自己。”

“有他在，我们很安心”

2016 年 3 月 9 日，安徽省安庆市。上海市气象局航空气象保障团队骨干成员李佰平被手机铃声叫醒，一看，来电的正是组长戴建华。这天是中国气象局和中国商用飞机有限责任公司联合开展大飞机自然结冰探测试验的日子，不到 5 点戴建华就起床了，他密切关注着试飞区域的天气情况，并将雷达拼图和上游的天气实况资料分享给大家。

“飞机自然结冰试飞对气象条件要求极高，也是最难完成的试飞科目之一。”据李佰平介绍，戴建华带领的气象保障组在试飞 10 天之前，就通过对自然结冰历史资料的分析及对后期天气形势的研判，确定 3 月 8 日至 10 日为试飞窗口期。“云层中过冷水含量和体积直径是影响飞机结冰的关键气象条件，当时他很肯定地说，3 月 9 日早上的气象条件对飞机结冰是最有利的。有他在，我们很安心。”李佰平说。

3 月 9 日 8 时 47 分，第一架次飞机准时起飞。9 时 25 分，飞机报告“3000 米高度观测到部分积冰，气温 –5 ℃，平均液态含水量为 0.2 克 / 米 ^{3} 到 0.3 克 / 米 ^{3}，并观测到了 2 厘米到 4 厘米飞机机体部分结冰现象”。过境冷空气使得空中的冷层增厚，过冷水含量丰富，飞机顺利结冰。

为业务难题开“药方”

戴建华有着长期一线预报工作经历。哪里的业务运转很顺畅，哪里的业务存在“症结”、需要改进提升，他心里跟“明镜”一样。

戴建华发现，在传统的预报检验方法中，一些简单的偏差可能导致预报评分异常低，容易忽视预报中的重要信息。带着问题，戴建华与团队同事开始寻找“药方”。他们探索强对流天气预报新型检验方法，研发目标对象检验法和尺度模糊检验法，用这些方法弥补常规检验技术的不足，既为用户提供了针对性强的客观检验信息，又为强对流预报产品开发者提供了预报偏差的来源。目前，这些检验方法已经在全国多省推广应用。

2006 年，戴建华带领团队研发了上海短临预报业务系统，该系统将多种观测资料的综合监测分析、强对流天气展望和临近预报客观方法、强天气的自动识别与报警等功能集成到一起，大大丰富了客观预报预警方法，提高了预报员的工作效率，逐渐成为强对流天气预报预警业务的重要支撑。

“他对我们很上心”

戴建华对未知领域的探索和对自我的超越不仅仅体现在天气预报工作上。2017 年，他参加了上海国际马拉松赛。42.195 千米，3 小时 27 分 41 秒。他首次完成了全程马拉松，实现了一次自我超越。

在预报工作中，戴建华也带着他的团队，在小步快跑中追求自我超越。

2017 年，他的团队被赋予了一个新的称号——上海市气象局强对流科技创新团队。他认为，人是短时临近预报工作的核心动力，借着“上海市气象科技人才高地建设”的“东风”，他为团队制订了“梯队”培养计划，依次设置骨干成员岗、一般成员岗和储备人才岗。团队中 1 人入选“上海市气象局青年英才计划”，多人入选“上海市气象局气象新苗计划”。

“他总是鼓励我们积极申报科研项目，从实际业务需求出发，解决业务中存在的问题。”谈起戴建华，李佰平一脸崇拜，“他在我们年轻人心目中，是‘榜样’一样的存在！他对我们很上心，在工作中给我们很多具体的指导，我们在他身上学到很多东西。”

（来源：《中国气象报》，2018 年 2 月 5 日，作者：谢丽萍）

李洪根：不屈的生命之花

阳光明媚的 5 月，苏北水乡——洪泽县到处传播着一位不屈的共产党人——李洪根的先进事迹，一位全县人民奔小康所学习的楷模。

1978 年，万物逢春，年轻气象工作者李洪根和全国亿万人民一道，怀着兴奋之情，正准备为祖国实现“四个现代化”的目标而大展宏图之际，一个巨大的灾难——类风湿关节炎、强直性脊椎炎降临到他身上。他高位强直，头颈不能转动，身体不能弯曲，两腿再也不能迈出一步。36 岁，一个风华正茂的年华，就这么被无情的病魔剥去了行动的自由。巨大的打击使他陷入痛苦的深渊。事业的呼唤，组织的关怀，同事的期望，又使他重新扬起了生命的风帆：“身体虽残，精神决不能残。”病情稳定后，不顾领导、同事的劝阻，他毅然地拄着双拐“走”上工作岗位。

李洪根髋关节强直，不能坐下来，只能站着工作。但他不因这些而在工作上放松要求，始终高标准、高水平地要求自己。他每天按时查看气象记录，认真校对每个数据，遇到疑难技术问题，便与同事们认真探讨，甚至通过电话与邻县的同行商讨，直到得到正确答案。遇到复杂天气，他会主动到值班室帮忙，常常工作到深夜。夏天的夜里，由于他要一手撑着桌子，一手翻记录，不能驱赶蚊蝇，只好穿上高筒雨靴。他还加强了政治和业务的学习，成为附近妇孺皆知的“夜猫子”。一次在搞《干旱对洪泽湖渔业和航运的影响》科研时，为了核实几个数据，他亲自去 2500 米外的水产局查核。2500 米，对常人来说，算不了什么，可是对靠双拐行动的人说，是多么的艰辛！2500 米，他整整走了一个半小时，双手、脚掌布满了血泡，见此情景，对方不解地问：“几个数据，电话里问问不就行了，何必要亲自跑来呢？”他只是笑了笑。

18 年，李洪根就这么拄着双拐，站着工作，付出的代价常人难以想象。他因为长年累月地站着，留下了后遗症，一到阴雨天就关节疼痛难忍，彻夜辗转不眠。18 年，他没有休息过一天节假日，没有请过一天假。雨雪天，他不知连人带拐摔倒过多少次，甚至有一次晚上摔在雪地上半个钟头，才被人发现扶起。

"梅花香自苦寒来"，成功是属于勤劳人的。18 年，李洪根共 8 次取得百班无错情的荣誉，在《新华日报》《中国气象》《江苏气象》等报刊、杂志发表各种文章数十篇，还承担了洪泽县 30 年气象资料和《洪泽气象志》的编写工作。除此之外，他还先后出版了 4 本气象科技书籍。

党和人民是不会忘记有功之臣的。由于李洪根忘我工作的精神和在事业上的突出成就，江苏省、市气象部门及各级政府多次表彰了他。1992 年，他被列入全省气象系统有特殊贡献的 4 个调资名额之一，被国家气象局领导誉为"全国气象系统战线的铁人"，获得淮阴市劳动模范。1996 年，他又接连被评为洪泽县十大新闻人物、洪泽县十大科技工作者，还以得票数第二被淮阴人民推荐为淮阴市十佳残疾人。5 月 12 日，中共洪泽县委又做出了《关于向李洪根同志学习的决定》，这是洪泽县建县 40 年来获此特殊荣第一人。

时代需要公仆、英雄、科学家、企业家，也需要热爱本职工作，在平凡的岗位上勤奋工作，在困难面前不屈不挠，不计名利、默默奉献的劳动者。

（来源：《江苏气象》，1996 年第 3 期，作者：陈翔）

韩桂荣："我只是一名预报员"

国务院政府特殊津贴获得者、江苏省总工会劳模、江苏省气象台首席预报员……这些都是韩桂荣的身份。而他自己却说："其实我只是一名预报员，看云图、读数据、做预报是最本职的工作。"

"1985 年，大学毕业后，我就在江苏省气象台工作，这么多年来，一直都是在一线预报技术岗位。"在江苏省气象台预报大厅的电脑工位上，韩桂荣一边调看高空形势图，一边告诉记者。从 2002 年起，韩桂荣开始担任江苏省气象台首席预报员，主要从事数值预报产品释用、台风路径和风雨预报等方面的研究及日常天气预报、预报业务系统开发等工作。

江苏地处全国南北交界处，天气形势复杂，每年既有来自南方的台风灾害，又有北方过来的对流天气，对于预报人员业务能力的要求很高。而首席预报员的责任更重，承担着巨大的工作压力，在这个岗位上，韩桂荣一干就是 15 年，常常是早出晚归，尤其在台风来临或汛期洪涝等关键时刻，他基本上都是连续多日昼夜值班，生怕错过任何的天气变化。"每到夏天，最难的就是短临降水的预报。"韩桂荣说，"每当这个时候，首席就相当于半个'短临'岗位，要时刻盯着实况监测。"夏季的短时强降水预报是长期困扰气象部门的难题，降水时间、地点、范围的不确定因素很多，降水云团的出现具有很强的不可预测性，往往刚刚监控到雷达回波，还来不及做出预报反应，一场雷阵雨就已经呼啸而至。

作为江苏省气象局梅雨预报服务带头人和国家级台风科研团队成员，韩桂荣在多年的科研和预报工作中总结了大量的经验，每逢重要天气或重大气象保障工作，这些预报经验就是他最终做出决策的依据。2014 年，第二届夏季青年奥林匹克运动会在南京召开，韩桂荣带领预报组的成员加班加点，对江苏 8 月份的历史天气资料仔细分析、认真研判，在常有的高温、台风天气之外，特别提出 2003 年、2010 年前后，江苏 8 月都曾经出现过连续阴雨现象，值得关注。在他的建议下，气象部门针对不同的天气形势做了多种预案。果不其然，在青奥会开幕式前夕，

10 天预报显示会有雨水出现。之后，在各赛区的定点定时定量精细化预报服务中，韩桂荣整整一个多月没有休息，为青奥会的气象保障做出了巨大贡献，受到省委、省政府的表彰。

近几年，江苏省气象台在各项重大气象保障活动中发挥了突出作用。韩桂荣作为预报结论的决策者与参加者，在历史罕见的 2003 年淮河流域洪水和江苏省连续高强度高温、2008 年低温雨雪冰冻灾害天气、2016 年超强梅雨等天气气候事件中，都全力做好预报和服务工作。“尽管无法达到百分之百的准确，但我们要尽百分之百的努力。”这是韩桂荣说得最多的一句话。

气象是一项科技事业，除了精湛的业务水平，还需要较强的科研能力。近年来，江淮梅雨受到人们的关注，尤其是每年入出梅时间更是社会关注的重点。针对江苏的气候特征，韩桂荣组织梅雨预报服务团队，对江苏入出梅的指标做了大量的研究，在原先的认知基础上，进一步丰富了入出梅指标。 30 多年来，韩桂荣主持或参加完成省部级课题 10 多项，获省部级科技进步奖 5 项，江苏省气象局科技进步一等奖 7 项，在核心刊物和学术会议发表、交流学术论文 50 多篇。

现在江苏省气象台有 40 岁左右的中生代预报首席，有二三十岁的年轻预报员，许多都是在韩桂荣的带领下，一步步成长起来的。在各级会商、预报经验交流会及学术会议上，韩桂荣将自己总结的预报经验、科研思路等毫无保留地传授给年轻预报员，培养了大批优秀一线技术能手，为江苏天气预报质量的提升发挥了重要作用。

2017 年，韩桂荣获得国务院政府特殊津贴。“这是国家对我们一线技术人员的肯定，其实我只是做好了一个预报员最本职的工作。”面对荣誉韩桂荣很是谦逊。这是一个气象工作者的心声，在每一份天气预报的背后，都凝结着预报员们默默无闻的奉献。

（来源：《中国气象报》，2017 年 4 月 18 日，作者：孙啸）

严海容：激励一生这一刻

“他握的是时传祥的手，激动的是我们每个人的心。”说起在 1959 年全国群英会上刘少奇与淘粪工时传祥握手的那一幕，严海容还是那样动情。或许，正是这份激动，伴随着他走过了 40 多个春秋。

在一个雨花飘洒的下午，年过花甲的严海容打开尘封的记忆，娓娓地诉说着……

1956 年，祖籍广东的严海容从成都气象干部学校毕业，在上海进行短暂学习后，便被分配到浙江温州市气象台工作。生在旧社会、长在红旗下的严海容深知，自己从一个年幼丧父的农家子弟，成长为一名有专业技能的国家干部，全靠党的培养。凭着这样的认识，严海容从参加工作起就抱定了“认真干好工作”的信念，并很快成为业务能手。

1959 年，在上级部门的抽查中，严海容一季度中抄报 57999 个气象电码无差错。平时连续抄报 136815 个无差错。因业务突出，年仅 22 岁的严海容被评为“全国先进工作者”，进京参加了全国群英会。当党和人民将这一莫大的荣誉授予他时，激动之余的他便有了一颗“不安”的心。他说，自己只是在本职工作中做出一点点成绩，党和国家就给予了这么高的荣誉，实在是有点受之有愧。或许正是这一颗“不安”的心，使他在此后的 40 年工作中，始终兢兢业业地干好本职工作，从不与组织计较个人得失，绝对服从工作需要，干一行爱一行，一直到 1997 年退休。

无论是从领导岗位到一般干部岗位，无论是从一线到二线，还是从二线到一线，以及工作性质的变化，严海容从没计较过。他说：“只要组织上需要，我就努力去干好。”

在严海容的努力下，他抓的计划生育、党务等工作每年都会被评为先进。温州市气象局叶子祥局长说：“严海容同志对工作认真负责，任劳任怨，党性强，为局里做了大量工作，一直保持着共产党员的本色，退休以后仍经常学习中央有关文件、看报纸，现任离退休干部党支部书记，支部生活过得有声有色，老干部的工作做得好。”与严海容共事近 30 年的市气象局政工处的陈伯贵，对此也深有同感。他说，老严就像局里的“百忙官”，像老黄牛一样地任劳任怨，从不计较个人得失，从不摆劳模的架子，倒是在日常工作的认真、干劲上显示出了“老劳模”的本色。在年轻人的眼中，严海容同样是“不卖老”。认识严海容的年轻人都说，老严的那股认真劲和不计个人得失的心，值得年轻人学习。

如今，闲不住的严海容还任局离退休党支部书记，每季度他总要定期安排好老党员的组织生活。他总是在说：“一个人的能力有大小，但只要尽力去做，总是能做出些对党和人民有益的事的。”

（来源：《中国气象报》，2000 年 10 月 9 日，作者：金建树 张天河）

刘长忍：简单的生活 充实的内心

刘长忍，一个很普通的老人。身材瘦小、穿着朴素的他走在人群中，一点都不起眼。然而，他却有着不平凡的人生经历和不一般的人格魅力。

刘老是安徽省铜陵市气象局的一名退休职工，他曾于 1979 年被授予“全国劳动模范”的荣誉称号，于 1983 年当选为第六届全国人大代表，并受到过党和国家领导人的亲切接见。他的感人事迹曾被广泛传颂，他的敬业精神、优良品质更是影响过全国很多同行。

去年年末，铜陵市气象局开展老干部慰问活动，刘老是我们准备慰问的第一人，联系他时，却遭到了拒绝。他说，年底单位事情多，领导都很忙，就不要在他身上浪费时间了。不过，慰问组还是如约而至，老人激动万分，可对于慰问组送去的慰问金，老人却执意不收。他说：“目前我的退休金足够我用，一日三餐不是鱼就是肉，每天过着古时候只有皇帝才能过上的日子，已知足了！”

刘老一辈子从事艰苦复杂的测报工作，在气象条件恶劣的黄山光明顶，在山势险峻、人迹罕至的牯牛降都留下了他的身影。他常说，《地面气象观测规范》是观测员最重要的武器，只有学通吃透它，才能胜任测报工作。厚厚的一本书，几百页的文字，刘老都烂熟于心。随便念上一段，他不用看书便知道在哪一页哪一行。因此，同事们都管他叫“活规范”“刘老抠”。他还常跟同事们讲，干测报工作就像大姑娘绣花，一定要心细些，再心细些，花绣错了，还可以拆了重来，可测报工作搞错了一点，就无法挽回。

在平凡的测报岗位上，刘老曾创造了连续 636 个班无错情的惊人纪录，三次被中国气象局授予“全国优秀测报员”荣誉称号，一次授予“全国气象系统先进工作者”荣誉称号。荣誉的光环背后，不知道凝聚了老人多少的艰辛和汗水。

刘老患有胆汁反流性胃炎，每半个月发作一次，一会儿高烧，一会儿奇冷。高烧起来，汗珠如豆，全身湿透；发起冷来，脸色发紫，浑身颤抖。同事们都催他到医院去看看，他总是笑呵呵地说："老毛病了，没什么，站里人手少，工作要紧。"有一次，单位有一个身患癌症的同事要回福建老家疗养，组织上要求单位派一个人护送他，刘老二话没说，扛起行囊，背上这个身体异常虚弱、随时都有生命危险的同事从皖南山区一路辗转到福建沿海。当他看到同事见到亲人时的激动和兴奋，他觉得一切的付出都值得。

如今已是 72 岁高龄的刘长忍每天过着简单的生活，但他的内心却非常充实，精神世界却非常富有。

（来源：《中国气象报》，2012 年 4 月 24 日，作者：石伟光）

郑媛媛：忘我工作 敢为人先

在同事和领导眼中，她勤于学习、善于总结，具有分析判断复杂天气形势的能力和对极端天气事件的敏感性。

郑媛媛，正研级高级工程师，安徽省气象台首席预报员，安徽省气象部门科技带头人，中国气象学会水文气象委员会委员；“全国优秀青年气象科技工作者”“安徽省首届省直机关十大女杰”“安徽省气象局科技带头人”，2005 年获全国总工会授予的“全国先进工作者”称号。

首席准确预报获好评

郑媛媛在担任安徽省气象台天气预报领班、首席预报员期间，多次准确预报出重大灾害性和转折性天气，得到了领导和同行的好评。

1998 年，长江遭遇了百年不遇的特大洪水，郑媛媛作为预报领班，以预报会商室为家，顶着巨大压力，与预报一线人员一起为全省防汛抗洪决策当好参谋，协助党和政府打赢了一场又一场抗洪抢险攻坚仗。

2003 年，春夏之交的安徽出现了多次大风、暴雨、冰雹等灾害性、转折性天气过程，郑媛媛凭借过硬的技术做出准确预报。主汛期前，郑媛媛和其他预报首席对汛情的预测引起了中央气象台专家的高度重视。此外，她还为淮河王家坝二次分洪、金寨梅山水库泄洪等的科学调度提供了准确的气象预报。

2007 年以来，郑媛媛主要从事灾害性、转折性天气首席预报把关和决策气象服务工作。2009 年 6 月 14 日，安徽省相继出现大范围强对流天气过程，她指导预报人员加强监测和预警，与周边省气象台工作人员进行电话会商，指导气象服务室人员制作气象预警信息快报，在强对流天气发生前几小时向安徽省委、省政府等相关部门提供准确预报，为全省防灾减灾工作争取了主动，取得了很好的服务效果，得到领导的高度赞扬。

领先潜心科研出成绩

在圆满完成各项日常工作的同时，郑媛媛积极开展气象科研课题的研究。

1998 年至今，她先后参加过“中日淮河流域 HUBEX 试验”试验数据的分析研究，中国科学院“973 中国暴雨”外场观测科学试验，国家重点项目“淮河、黄河流域暴雨洪水监测预报系统试验”，我国第一部中美合作生产的多普勒天气雷达资料的开发应用，科技部“基于 CINRAD 雷达和卫星的淮河流域致洪暴雨研究”课题研究，中国气象局“以大气监测自动化系统为基础的强对流天气预警和短时预报应用技术研究”“强对流天气临近预报业务系统”短时临近预报业务系统（SWAN）客户端显示和灾害性天气报警部分的研发等。

此外，郑媛媛还承担了第 1 期 C 级预报员和领班预报员“区域性强对流天气分析预报”的培训工作。

（来源：《中国气象报》，2011 年 7 月 19 日，作者：新晴）

陈家金：这辈子都离不开“农”字

30 年劳碌奔波，20 余项科研硕果。他，扎根土地为农服务；他，投身科研攻坚克难。不为名利所驱，不为繁华所诱，只为农民的喜笑颜开而奋斗。他就是福建省气象服务中心正研级高级工程师陈家金。

1964 年出生、已过半百之年的陈家金在农业气象服务岗位上干了 30 年，曾先后荣获 “中国农业资源与区划学会科学技术一等奖”“第五届中国技术市场协会金桥奖”“福建省先进工作者”等荣誉。而数项荣誉加身的他始终保持勤勉、务实、进取的工作态度和求精、求细、求优的工作作风，用爱岗敬业、无私奉献的职业操守，不断让农户看到新的希望。

30 年扎根田间地头 为农民增收做贡献

30 年来，无论是刮风下雨，还是严寒酷暑，只要是为农民朋友服务，陈家金总是主动及时地走在最前头。在他看来，农民朋友的需要就是他和同事义不容辞的责任。

在灾害性天气即将出现时，陈家金会带领农业气象服务团队，提早分析制作农用天气预报、农业气象灾害监测预警等重要服务材料，通过电视、网络、报纸、电子显示屏等渠道将信息传递给农业生产者，告知他们灾害风险所在及需要采取的具体防灾减灾措施，为他们提供灾前、灾中及灾后农业气象服务。

“陈专家对农业工作很认真，经常帮助我们。下雨天田间再湿他都会来，穿着雨鞋就下田里去了。”福清市音西镇林中村农民董朋群说。

为了更好地指导农民科学种植，减少灾害性天气对农业造成的损失，陈家金跟同事常年“走街串巷”，开展科技下乡宣传活动。多年来，在福建电视台、福建人民广播电台、《福建日报》等媒体上常常能见到他的身影。他还在省农村实用技术远程培训平台上，为农民朋友和农业科技工作者授课，不断扩大福建农业气象的影响力，使更多的农民受益。

投身科研 解决制约农业生产的瓶颈问题

作为一名经验丰富的农业气象工作者和科研团队的带头人，陈家金一直紧扣福建现代农业的发展需求，从专业角度为福建“三农”工作把脉。

针对福建大宗果树和新引种的新兴果树生产中存在的农业气象灾害问题，陈家金主持了多项有关果树气象灾害风险评估方面的课题研究，攻克了灾害风险评估中指标体系构建和指标权重确定等关键技术，使得风险评估结果与实际情况更趋吻合，在果树气象灾害风险规避、风险预警以及寻找果树适宜生长区域方面取得了突出成果。“特色果树气象灾害风险评估”成果经专家评审认为“达到国内同类研究的领先水平”，并形成技术规范，在全国农业气象灾害风险评估试点服务中应用，取得了实际成效，为福建果树合理布局、果业安全生产提供了气象科技支撑。

多年来，陈家金对农业气象业务服务和科研工作精益求精，以身作则，取得了骄人的业绩。他编制了福建农业气象学科发展研究报告和研究规划，引领福建农业气象的研究方向，并凝练重点研究项目，开展农业气象科学研究；主持或参加了 20 多个省部级以上项目研究，并以第一作者在《应用生态学报》《应用气象学报》《生态学杂志》《干旱地区农业研究》《果树学报》等核心刊物发表学术论文 20 多篇。

“因为从农村出来，对农民，特别是对农民收益这方面很关心，当时农村里的农民都比较苦，所以我们更能体会到农民的艰辛，如果能为农民解决一些生产上面的问题，我就觉得非常高兴。”陈家金坦言，他出生于农村，毕业于农业大学，从事农业气象工作，这辈子都离不开“农”字。他只有勤勤恳恳、不遗余力地做好气象为农服务这项工作，才能无愧于心。

传道授业解惑 培养农业气象人才

授人以鱼，不如授之以渔。陈家金深明这一道理。“我跟他共事有 10 年了，在这期间学到了很多东西。他待人热情，一直十分重视对年轻业务人才的培养，他将自己的农业气象知识无私地传授给其他同事，同时也把严谨的工作作风向下延续。”福建省气象服务中心专业服务室科长王加义告诉记者。

都说严师出高徒，陈家金就是大家眼里的严师。“刚跟他一起工作时就觉得他太严肃了，有问题也不敢问。陈老师知道后主动跟我说，你有问题就来问我，我可以教你。”福建省气象服务中心专业服务室黄川容深有感触地说，“他教会我很多东西。”

除了这些，陈家金还带领团队开展课题研究，指导年轻科技人员申报项目、解决关键技术以及撰写论文等。

陈家金主编了《福建现代农业气象实用技术》《福建省特色农业精细区划》等技术手册，提供给全省农业气象技术人员学习。作为农业气象专家，为了更好地推进全省特色现代农业服务的开展，陈家金对全省农业气象业务服务人员进行技术指导，并对基层单位业务人员进行农业气象技术培训，为全面提升福建农业气象人才队伍的素质尽心尽力。

在工作中，陈家金非常注重农业气象服务产品的实际内涵，以及农业气象服务的主动性和及时性。他经常教导团队，在服务中提到的生产建议要切合生产实际，让农民看得懂、用得着。经过他与同事多年来的共同努力，现在福建特色农业气象服务做得风生水起，服务种类越来越多，服务内容愈加精细化，服务手段也日趋多样化。

（来源：《中国气象报》，2015 年 5 月 5 日，作者：王芳 吴婷婕 李梅）

李志鹏：勇挑信息网络业务重任

李志鹏在江西省气象信息中心从事气象信息业务技术把关、科研开发应用和业务服务组织管理已经15年了。他主持的科研课题获得“江西省科学技术进步奖”二等奖一项、三等奖两项，获“江西省气象科技创新驱动发展奖科研开发与应用”二等奖两项，有三项开发成果在全省气象部门推广并业务化运行。

这些成果源于他善于从气象预报业务服务实际需求、气象信息业务技术具体实践中凝练科学问题，解决业务技术中的难题，也正因此，他入选了江西省新世纪百千万工程人选，2017年被评为中国气象局全国优秀气象信息技术人员。

恪尽职守 做业务服务技术“把关人”

2014年底，江西省气象局的主机房业务要整体向10余千米外的省气象防灾减灾科技园搬迁。李志鹏与业务技术人员开展了30余项业务系统的主备衔接、应急保障、回退切换等在线测试工作，数十次修改迁移技术方案，制订精细到日期、小时、分钟的迁移计划。搬迁期间，他与技术团队共同奋斗在业务迁移一线，吃住在机房，实现了涉及通信、网络、服务器、存储等近300台（套）设备共37项业务系统无缝迁移，减少了搬迁工作对气象业务服务产生的影响。

2017年3月29日下午，李志鹏接到报告，天气会商视频系统出现大屏幕无法显示的故障。情况紧急，他立即赶到现场查看。经过5个多小时的检查测试，李志鹏初步锁定了故障部位，并拟定视频会商应对方案，确保了第二天早间天气会商正常进行。

他组织了数据收发处理业务流程梳理与优化，建立省、市、县实时数据业务监视联动处理机制，强化气象数据业务运行监控和考核，彻底扭转了江西省气象信息业务工作质量落后的被动局面。

勇挑重担 做业务科研“带头人”

作为江西省气象局“气象数据处理与应用”科技创新团队带头人，李志鹏始终保持着对信息技术发展带来的新理念、新技术、新方法、新流程、新业务的学习热情，积极思考，瞄准业务服务需求，开展科研开发。在他的带领下，5 年来，创新团队先后承担省部级、市厅级等各类科研课题、项目开发 16 项，多项成果在实际业务中推广应用。

省级气象信息中心是承担气象信息化任务的主要部门之一。为了科学合理地建设省级气象信息基础设施资源池，李志鹏细致梳理了现有资源，组织编制详实的设计方案，开展细致的项目测试，完成资源池首期的建设内容。

2016 年，李志鹏针对省、市、县气象数据业务的实际需求，提出基于数据流程的业务运行监视系统构建思路，并组织设计开发气象数据业务全流程监视系统，实现涵盖全省气象数据收集、分发、质控、入库及数据服务等各主要处理环节的“全流程监视”，为省、市、县三级气象信息业务运行监视搭建了集约统一的监视平台，有针对性地为改进访问数据环境效率提供了参考依据。

李志鹏始终把做好基础气象数据、服务于气象防灾减灾、服务于地方经济社会发展作为各项工作的出发点和落脚点。他想用户之所想、急用户之所急，经常深入用户单位，详细了解用户对气象数据及产品的服务需求，以此改进数据流程、优化系统功能。

（来源：《中国气象报》，2018 年 2 月 12 日，作者：邓敏佳 王叙真）

梅婵娟：一个气象“小白”的精英之路

在2008年1月26日，第六届全国气象行业天气预报职业技能竞赛落下帷幕。来自全国气象行业的108位参赛代表在强对流天气临近预报、历史个例天气预报、理论知识和业务规范、现场问答等方面展现了精湛的业务水平。

山东省气象部门代表队，时隔10年再次荣获该赛事的团体冠军，创造了全新的历史。来自山东省威海市气象台的参赛选手梅婵娟取得个人全能第一名的优异成绩。手捧证书，这位湖北姑娘热泪盈眶，从一名非气象专业的“小白”，到如今的个人全能冠军，这其中的辛勤与心酸也许只有她自己才能体会到。

10年前，梅婵娟毕业于中国海洋大学物理海洋学专业。她清晰地记得刚毕业那年到威海市气象局的情景：“我专业不对口，内心自卑又怯弱，所以不管值班还是不值班，我都跟着老预报员努力学习。”10年后，这个较真儿的湖北姑娘已成为威海市气象局中短期预报的行家里手，在降水预报和温度预报中表现突出，先后被评为山东省优秀值班预报员、全省气象服务先进个人等。

回忆起当年那段困难的时光，梅婵娟说：“现在想来，我那时提出的问题真的好‘小白’。”可这个气象专业的“小白”，硬是靠着自己不服输的劲头，从零做起，自己学习天气学原理，琢磨天气预报技术，并慢慢建立起自己的预报思路。

威海市气象局老预报员谈起梅婵娟，都会竖起大拇指：“不管是重大过程还是普通天气，梅婵娟都能坚持每天把天气形势和地面实况资料进行反复比对、研究、思考。”

“真正让我树立起信心的是自己的温度预报成绩日渐突出，这激发了我对天气预报工作的热爱。”梅婵娟说。在天气预报上取得一些成绩之后，梅婵娟又开始慢慢接触气象科研。“刚开始，好多东西要重新学，气象画图软件根本就不会。”梅婵娟说，经过学习，她能照葫芦画瓢做初期个例分析了。2012年，梅婵娟从自己擅长的大雾统计分析和霜冻统计分析入手，申请了“威海市大雾的特征分析及预报方法研究”课题。2015 年 7 月，她主持的课题顺利结题，发表了多篇论文。

梅婵娟第一次参加预报竞赛是在 2015 年，预报测试成绩惨不忍睹，只得到 24.5 分。这个从不服输的姑娘拿出了参加高考的劲头，每天凌晨 1 点前都处于紧张的学习状态。自己基础差，就那样咬着牙坚持，她的成绩一次比一次好，最后成为推荐选手被送往山东省气象局参加竞赛，拿到了实时预报单项第一名，个人全能第六名和团体第二名的好成绩。

谈及那次全国竞赛，梅婵娟表示，经过两年学习积累，基础知识扎实了很多。不过，在省气象局期间，有段时间她感觉学习状态不好，比较急躁。在那种状态下，她每天晚上 11 点下自习后，还要比别人多看两个小时的书。

自从当了妈妈，梅婵娟自嘲变成了“女超人”。刚开始，没人帮忙照顾孩子，她就自己背着孩子上班，下班后买菜、做饭，等哄孩子睡着后再坚持学习。梅婵娟的爱人张灿也是一名气象职工，他说：“刚开始我是很不情愿她去参加比赛的，一是因为孩子还太小，我们两个人的父母都是外地的，照顾不方便；还有一个原因就是心疼她，为了竞赛考试，早早就开始封闭集训，压力大，每天学到很晚，太累了。但从单位角度考虑，也希望她能有机会去为集体争光，取得荣誉。”数次竞赛集训，张灿觉得妻子从一个温柔贤淑的小女人变成了一个干练的事业型女人。

梅婵娟说：“从一个门外汉到行业精英，这不是终点，而是一个新起点，未来还需要更加努力。”

（来源：《中国气象报》，2018 年 2 月 8 日，作者：孙彦　周浩亮）

余卫东：衷心为农 奉献无悔

“努力实现河南传统农业气象向现代农业气象质的转变。”这是河南省气象科学研究所农业气象服务中心主任余卫东写在工作笔记扉页上的话，也是这位年轻的气象科技工作者坚定不移的信念和坚持不懈努力工作的根源。

把握机遇 服务“三农”

“2009 年、2010 年河南粮食总产量分别为 539 亿千克、543.5 亿千克，2011 年则突破了 550 亿千克，这说明河南现代农业气象业务服务试点工作开展 3 年来已经取得显著成效，也证明了河南现代农业气象业务能力和服务水平有了新提升。”在接受记者采访时，余卫东把荣誉归结为整个河南现代农业气象业务试点建设团队的努力，自己仅仅是“被获奖”了。

“河南现代农业气象业务服务试点工作是我近几年工作的重中之重。”余卫东说。2008 年年初，在实地调研的基础上，他组织编写了《前期雨雪天气对我省农业的影响评估》。该文受到时任河南省委书记和省长的批示，并被省政府《政务要闻》全文转发，对河南抗御冰雪灾害、恢复农业生产发挥了重要作用。

针对河南省农业气象灾害种类多、频率高、危害重的特点，余卫东及时做好农业气象灾害监测、预报预警、灾情调查和损失评估，并提出有针对性的对策建议，有效避免了小麦遭受霜冻害、干热风危害，促进了夏粮增产。

针对需求 转化成果

如何做好技术开发与成果转化，提高气象为农服务科技内涵，是余卫东始终在思考并深入实践的课题。

近年来，余卫东组织农业气象服务中心开展了冬小麦晚霜冻和干热风监测预警、农用天气预报等多项技术开发和农业气象适用技术转化应用，将农用天气预报产品应用于备耕播种、关键生育期管理、适时收获及收获后的储运加工等全过程，推动农业生产逐步由“靠天吃饭”向“看天管理”转变。

余卫东还利用全国唯一的现代农业气象业务服务试点，积极拓展农业气象服务领域，从良种选育到大田高产，从年景展望、适播期预报到农业气象条件监测分析、农用天气预报，直至定量评估和仓储服务，全面提升农业气象服务的科技内涵，形成覆盖粮食产前、产中、产后全过程的系列化农业气象服务体系，特别是参与建立了“省、市、县、乡、村”五级农业气象服务组织体系，将农业气象信息覆盖到乡村和农户。

埋头苦干 奉献无悔

“要做好农业气象工作，必须要具备埋头苦干的敬业精神和深入基层的工作作风。”自负责河南省农业气象服务中心工作以来，余卫东围绕河南省粮食生产，每年都要组织编写和技术把关 300 余期的农业气象情报、农业气象灾害评估等各类服务材料。

每年 3 月至 5 月、7 月至 8 月等关键农时季节，余卫东经常冒着酷暑和风雨，带领农业气象服务中心技术人员，在全省范围内对夏粮和秋粮长势进行田间调查，加班分析样品，获取全省粮食作物生长状况的第一手资料，并面对面指导农民充分利用气象信息进行科学种田。他还与农业、植保部门进行作物长势和病虫发生发展情况及对策会商，与农业、统计等部门进行产量形势会商，为省委、省政府提供客观、准确、及时的农业气象服务信息。

多年来，余卫东先后获得中国气象局“优秀值班预报员”和“第七届全国优秀青年气象科技工作者”称号，获得“河南省气象局科技领军人才”“河南省气象局重大气象服务先进个人”等光荣称号。“全国粮食生产先进工作者”的荣誉，凝聚着余卫东十几年来在农业气象工作上不懈的追求，印证了余卫东一心为河南农业科学发展的奉献情怀。

（来源：《中国气象报》，2012 年 1 月 5 日，作者：王建忠 徐爱东）

翁立生：为事业拼搏 为党旗增辉

1989 年 2 月，湖北省气象小礼堂，武汉区域气象中心成立大会在这里举行。它标志着湖北气象现代化建设进入了一个新的发展阶段。

在聆听欢庆、掌声、祝贺的时候，翁立生却在深思、在构想，像在 5 年前预想今天的成立大会一样，构思着未来 5 年、10 年的湖北气象事业规划和远景。

他，就是这样一位执着的追求者，一位为气象事业不断拼搏的领导者。

为实现气象事业现代化建设的构想不懈拼搏

1983 年，在翁立生刚刚担任湖北省气象局“一把手”的时候，由于历史的原因，在他面前摆着的是：全省台站危房面积超过 28000 平方米；59 个台站（占台站的 70%）用水、用电困难。他到基层调研检查，这个站的领导带着他进职工住宅，指着墙壁上的雨痕，向他汇报；那个站的领导打来黄锈色的井水，请他品尝……全省气象现代化建设基础也很薄弱，大量的气象数据全凭人抄手填，预报质量、预报制作和传送的速度跟不上社会经济发展服务的需要。

怎样推动湖北气象事业发展？如何解决部门面临的重重困难？

他，日夜在思考……

谈气象，他是个行家，1966 年毕业于南京大学气象系，后来又一直从事气象工作。他认为，湖北地处东亚季风气候带，天气变化剧烈，灾害性天气常有发生，尤其是夏季暴雨频繁，强度大，来势猛，经常渍涝成灾。长江横贯全省，汉江自北而南。河道内外水高田低，经常威胁着湖北的经济发展和沿江 3000 多万人民生命财产的安全。江汉平原粮棉的丰歉，大型工业基础和水陆交通枢纽的安全，畅通维系国家大计。提高对灾害性、关键性天气的监测、预报能力，为省委、省政府指挥工农业生产、防汛抗洪等重大决策提供可靠的科学依据是湖北气象事业发展的关键。

上任湖北省气象局局长的第二年，他向黄知真省长汇报工作时，黄省长向他谈到湖北的情况，要抓好鄂西南的恩施、鄂西北的郧阳这两个前哨，抓好武汉这个中心，要把江汉平原及山区开发作为服务的两个重点。

要搞好这些工作，翁立生是向省长下过保证的。他反复思考，认为要达到上述目的，就必须大力发展气象业务技术的现代化，采用当今世界比较先进的探测、通信手段和预报方法，结合湖北特点发展气象事业，搞出自己的特色。

他的思路和设想，得到了国家气象局和湖北省委、省政府领导的肯定和支持，得到了省局党组的赞同和通过。为有计划地推进湖北气象事业现代化进程，湖北省气象局及时组织起专门班子，在国家气象局的指导下，在大量调研和分析全国乃至世界上发达国家气象现代化的基础上，经过近一年的论证，制定了《湖北省气象现代化建设发展纲要》，规划了具体建成“一个中心（武汉区域气象中心）”“两个前哨（鄂西、十堰雷达站）”“一个网络（全省气象辅助通信网）”的总体格局。

提出规划是第一步，实现规划又是一个艰难的过程。他一边积极争取国家气象局和湖北省委、省政府领导的支持；一边带领党组一班人和全省气象干部职工，克服困难，脚踏实地，扎实工作，从区域中心现代化设备的引进开发，到两个前哨雷达站址的选择论证；从各建设项目经费的申报落实，到内部任务分工的总协调，他都操尽了心。有时为落实一项计划，他三番五次，甚至十几次找有关部门协商，不厌其烦。可以说，在实现规划的过程中，哪里出现“卡壳”，他就出现在哪里。

规划在实现，人才是关键。为解决人才不足的困难，他一贯的思想是：要厚待那些在事业上确有贡献的人才，使大家觉得干气象事业有奔头。同时，作为领导，他还要为人才的成长施展才干创造适宜的“小气候”。

为了稳定学科带头人和业务骨干，翁立生亲自与他们个别谈话，听取他们对气象事业发展的意见和今后的工作打算，并帮助解决他们的工作和生活中的困难。有时，为稳定一个业务骨干，他不是强留，而是三番五次做思想工作。人非草木，孰能无情？有一位业务骨干，父母年迈，生活的确有困难，请求调动，但经翁立生几番谈心交心，这位业务骨干最后终于放弃了调回北京的愿望。他十分关心科技人才的政治进步，为帮助一位获得 1987 年“湖北十大科技进步奖”的课题主持人在政治上进步，翁立生亲自给他当入党介绍人。

为广泛吸收、引进、培养人才，1986 年，翁立生带着党组集体研究的 5 条优惠政策，分别到有关大专院校去宣传、动员，招引研究生、硕士生到湖北工作；与此同时，他积极选送人员到国内外有关院校和部门进行学习深造，并有计划地组织有关人员到发达国家考察学习。基本缓解了湖北气象现代化建设人才不足的矛盾。

经过几年的艰苦奋斗，克服了一个又一个困难，他和党组一班人共同设计的宏伟蓝图终于初步实现：全国第二个挂牌的区域中心——指导湖北、湖南、江西、河南、安徽 5 省气象业务的武汉区域气象中心终于在 1989 年 2 月正式挂牌建成。于是有了本篇通讯的开章。

武汉区域气象中心引进、装备并开发了 20 世纪 80 年代世界先进水平的数字化天气雷达系统和通信计算机系统，实现了各类气象数据收集、分析、处理、贮存、调用，包括超短期预报制作的自动化。同时，经过“七五”攻关，研制开发了“微机远程终端”，武汉区域内各省，包括湖北省地市县，通过装配远程终端接收设备，均可调用武汉区域气象中心的全部资料（含雷达、卫星等图像资料）和指导预报产品，从而初步实现了设备、技术和资料共享。

湖北气象现代化格局基本形成，“两个前哨”天气雷达站，一个已正式投入业务运行，一个即将建成。全省气象辅助通信网初具规模，开通气象无线信道达 81 条。

为振兴地方经济防汛减灾奋力开拓

在规划实现与效益之间，人们更希望了解后者。在湖北气象现代化发展的进程中，翁立生的指导思想很明确：边建设，边服务，边出效益。在武汉数字化天气雷达系统的试验运行阶段，就充分体现了这种思想。如 1986 年 6 月 15 日，雷达系统试验运行时，发现暴雨团已进入鄂西南，向江汉平原移动，比原来预报的时间提前了两天。省气象局及时发出警报，通知暴雨可能经过地区做好防灾准备，从而减少了损失。自此，这部雷达就成了监视数百千米范围内云雨演变、发展过程的“望天眼”，从 1987 年到武汉区域中心挂牌的期间，对湖北境内发生的 20 余次强降水过程，无一缺漏地进行了跟踪探测，在湖北经济建设中发挥了巨大作用。尤其是 1987 年、1989 年迎战长江特大洪峰，长江沿线处于临战状态，尽管江水高涨，部分地段接近漫堤，但省委、省政府根据气象部门提供的未来无降水的预报依据，从而做出“抗洪而不分洪”的重大决策。每当防汛的紧要关头，翁立生总是深入会商室，研究天气变化，鼓励业务技术人员努力做出及时准确的预报，为防汛服务。

1988 年，湖北发生了特大干旱。旱魔席卷荆楚大地，大范围禾苗枯死，塘干地裂，鄂北岗地人畜饮水困难。旱情正在加剧，人民在忍受灾难，他心急如焚。

7 月中旬，省委召开紧急常委扩大会议，研究抗旱对策，翁立生同志列席了会议。在襄樊市的同志汇报后，翁立生同志提出建议：利用现代化的探测、通信手段，指挥调度实施飞机人工增雨。

他的建议当即被会议采纳。散会后，他亲自到有关部门具体协调落实，从组织人员，到落实机场和组织准备催化物资，只用了不到 3 天，飞机开始伺机作业。7 月下旬，根据数字化天气雷达探测的云系情况，在枣阳—随州—大悟一线，飞机作业条件基本成熟，湖北省气象局急令飞机起飞作业，增雨效果明显。旱区人民久旱逢雨，沐雨祝节。正在随州勘察旱情的湖北省委书记关广富亲睹人工增雨盛景，当即从旱区给省气象局挂长途电话，指示要进一步把握机遇，扩大作业效果。随后，湖北省气象部门连续进行了 37 架次作业，使 1891 万亩农田受益。关广富同志称赞："人工增雨，开辟了一条立体抗旱的新路子。"

气象现代化建设的发展，产生了如此重大的经济效益。如今的湖北气象，不仅引起了省委、省政府的高度重视，而且在湖北各级地方党委、政府和湖北人民的心目中增添了分量。

发展湖北气象现代化，翁立生是一位开拓者。他作为改革大潮中涌现出来的优秀领导干部，当然懂得机遇对开拓者的价值。1986 年，从北京传来一条使他格外兴奋的消息：省级气象部门可向国家气象局申报承担国家"七五"重点攻关课题。

是机遇就要紧抓不放。他及时主持召开党组会议和技术专家会议，商议对策。明确提出了这样的思路，即把承担该项攻关课题与加速实现湖北气象事业现代化建设连为一体，以提高长江中上游暴雨监测和预测能力，为湖北乃至长江中上游省份防汛抗洪服务，定名为"长江中上游暴雨等灾害性天气监测预报研究"的课题很快得到国家气象局和省委、省政府的认可和支持。首次承担国家级的重点攻关课题，他深感责任重大，亲自担任攻关课题领导小组组长，从协调关系到解决攻关中的一些具体问题，他倾注了大量心血。1991 年 3 月，攻关课题已通过国家验收：课题整体水平达到 20 世纪 80 年代中期国际先进水平。

湖北多山，山区地形复杂，气候差异大，各种食用菌、名贵药材、稀有树种、经济林木都能找到适宜的生长环境。但是，山区农民守着气候资源宝库，却不知如何开发利用，温饱都成问题。他认为，帮助山区开发利用气候资源具有广阔的前景。

1984 年，他根据几位专家提出的报告，亲自给省长写信，提出在山区建立气候资源开发试验基地的建议。建议引起了省政府领导的高度重视，黄知真省长批示：所提问题极为重要，希望你们提点具体意见，共同抓好这件事。

1985 年，在省政府的支持下，省气象局在保康龙坪乡，建立起了山区林业特产气候适应性研究基地。基地建成以来，通过推广人控微气候的高产食用菌技术研究成果，使当地 2600 多户、12000 多人受益，龙坪乡人均净增收入 150 元，有的发展成为食用菌生产专业户。

湖北省气象局直接在山区建立基地，摸索出"试验—示范—培训—推广—技术指导"一体化的扶贫扶智模式，在全省其他山区推广后，产生了明显的社会效益和经济效益，得到国家气象局的充分肯定。1987 年，全国气象部门科技扶贫、为振兴地方经济服务的经验交流会在湖北襄樊召开，重点推广了湖北气候资源开发的经验和做法。

湖北省委领导到基地视察后，说：“基地工作是近几年整个气象工作新发展、新创造的一个缩影，是科技扶贫的典范。”湖北省已有 29 个地区和县、市的领导到省气象局要求加强对当地的服务，并愿帮助改善基层台站的条件，翁立生欣喜地说：“这表明气象工作以服务为先导，走上了良性循环的道路。”

保革命青春，做人民公仆，为党旗增辉

翁立生具有 20 世纪 80 年代改革者的那般风采：热情、开拓、拼搏、进取。但他更注重实际，他习惯于用五六十年代的深入群众、艰苦朴素的作风，干八九十年代的事业。

他下基层调研，直接深入到第一线，到一般干部职工中去，甚至走家串户，摸情况、查实情，解决实际问题。他通过采取分期分批、逐个排队、先急后缓的基建投资措施，在“七五”期间为基层台站解决基建项目 99 个。基层台站的水、电、路设施条件也得到很大改善。

他到基层，吃住一向从简，罗田、远安、枝城等县、市《政府快报》都登载过他清廉、简朴、作风过硬的事迹。1990 年到罗田检查工作，他在县气象局伙房就餐，就是一盘小菜、一碗菜汤。晚上睡在用办公桌临时拼成的“床铺”上。县气象局的同志只好退掉在宾馆预订的客餐和住房。省城来的局长睡办公桌，在当地一时传为佳话。

他关心人、爱护人，经常把党的温暖送到干部职工心中。大家尊重他、感谢他，给他送礼送物的人也不少，一斤茶叶，几斤小麻油，或几包土特产……但他始终只领受人们对他的那份心意，对所有礼物，有的当面退回，有的论价付钱，有时送者不收，他就邮寄回去，或是交给单位食堂。

1990 年 9 月，湖北省直工委发文，号召省直机关党员领导干部向翁立生学习。中央人民广播电台，湖北电台、电视台，《中国气象报》报道了他的先进事迹。赞扬了他深入老少边穷地区为基层办实事、解决实际困难、实事求是、廉洁奉公、心系群众的公仆风采。

8 年前上任时，翁立生同志把党交给的任务归纳为四句话：一定要把湖北气象事业搞上去；一定要把基层台站的困难解决掉；一定要把气象队伍的积极性调动起来；一定要把各级领导班子建设好。8 年来，他一直用这四句话要求自己。在调动干部职工积极性和加强领导班子建设方面做了大量工作，也取得了明显成效。而今，他依然那样沉思，那样构想，追寻未来的湖北气象事业的新发展，为振兴湖北经济做出更多的贡献，努力拼搏，为党旗增辉。当笔者问到他还有什么新的追求时，翁立生同志庄重地回答说：“党已经给了我一切，我只有发奋工作，把一切献给党。”

（来源：《中国气象报》，1991 年 6 月 24 日，作者：姜海如 郭立学 刘立成）

黄永平：扎实服务 企盼丰收

常年下乡、风餐露宿使他皮肤黝黑、皱纹深刻，通宵达旦、醉心科研使他高度近视、眼窝深陷。面对记者的采访，他显得略微拘谨，可一提起为农气象服务，他目光炯炯、侃侃而谈。他就是现年43岁的湖北省荆州农试站首席农业气象专家黄永平。

农民朋友的贴心人

黄永平1993年从南京气象学院农业气象专业毕业后，被分配到荆州农试站（原江陵县农气站）工作，一干就是18年。

18年来，他坚持下乡搞调研，常年和农民朋友“称兄道弟”，同事们笑称他是荆州市的“编外农民”，可黄永平不这么认为。他常说：“做好调研是开展农业气象服务的基础，如果连农民种什么、怎么种都不清楚，怎么能做好服务？” 在别人看来土得掉渣的种地情况，他却一一记录，视若珍宝。

长期扎实的调研使黄永平对全市的农业生产情况滚瓜烂熟，为开展农业气象服务奠定了坚实基础。他还虚心向农民学习，搜集有效的防灾抗灾做法，总结整理后推广。18年来，他跑遍了荆州市周边的所有乡镇，自行车骑坏了一辆又一辆，鞋子磨破了一双又一双，终于从农民朋友那里求得了“真经”。

农业生产的保护神

“湖广熟，天下足”，广袤的江汉平原是我国重要的粮食生产基地，可突发的气象灾害和极端天气气候事件也时刻威胁着粮食生产安全。黄永平深知责任重大，他时刻关注着农业生产中的气象问题，为农业增产丰收保驾护航。

2006年，荆州稻飞虱灾害空前暴发，黄永平白天到田间地头摸排灾情，晚上分析天气趋势，编写《重要天气报告》《决策服务专报》等，准确预报了稻飞虱灾害的发展过程。2011 年 9 月，荆州出现低温阴雨天气，杂交晚稻面临严重威胁。黄永平看在眼里、急在心头。他昼夜加班撰写了《采取应急措施，预防晚杂秋寒》等多份重要农业气象服务专报，被新华网等媒体转载。根据专报，荆州市政府和农业部门等果断采取措施，使晚稻产量损失降到了最低，为荆州农业挽回经济损失达 5000 万元。

在1998年的抗洪夺丰收、2000年的抗旱保丰收和2011年的旱涝急转实现粮食生产“八连增”等多场关键战役中，黄永平总是战斗在一线，用智慧、用科学、用高度的政治责任感协助政府、农民打赢一场场硬仗。他编写的农业气象服务材料多次被中国政府网、《科技日报》、中国农业网、中国气象网等媒体转载，产生了广泛的社会影响。

科技创新的带头人

黄永平十分注重科技创新在为农气象服务中的支撑作用。近年来，他主持或者参加完成的科研课题达 10 多项，其中两项分获湖北省政府科技进步二、三等奖，一项获荆州市科技进步一等奖；在核心期刊和学术会议上，他发表论文 20 多篇，多项研究成果在气象业务、科研和农业生产中被推广应用；他独立编写的农业气象观测业务软件大大提高了全省农业气象日常业务的自动化水平。

这些年，为创新服务技术、提高服务水平，黄永平多次参加培训学习，他也因此亏欠了家人许多。2009 年底，在父亲不幸逝世、妻子又突发急病住进医院的困难情况下，黄永平依然不忘工作，钻研农业气象预报新方法研究和重大技术改革，为农业气象技术集成研究打下良好基础。

面对耀眼的荣誉，黄永平很淡然：“没觉得自己有多大贡献，只是做好本职工作而已。”

（来源：《中国气象报》，2012 年 1 月 5 日，作者：刘庆忠 丁国栋）

姚蓉：忘我工作 乐于奉献

湖南省气象台首席预报员、高级工程师姚蓉，以忘我的工作作风、高度的责任感和丰富的预报经验，为各级领导防灾减灾决策提供了一次又一次的优质气象服务。

准确预报服务抗冰救灾

2008 年 1 月 13 日，湖南省出现了自 1954 年以来最严重的低温雨雪冰冻灾害。根据姚蓉的预报，冰冻天气将维持一段时间，且后期还会加重，湖南省气象局于 1 月 21 日宣布进入Ⅱ级应急响应状态。

1 月 29 日上午，温家宝总理视察湖南抗冰救灾工作，听取救灾工作汇报。汇报进行中，天空突然放晴，人们都以为天气即将转好，冰冻可能自然消除。媒体也纷纷报道天气放晴的消息。省领导对此非常关注，要求气象部门在 10 分钟内做出最新的预报结论。

面对社会各界空前关注的压力，一直在跟踪天气演变的姚蓉十分肯定地回答道：“这仅是一个十分短暂的间歇。两天后还将有一场强雨雪过程，冰冻仍然会维持并发展。”果然，太阳仅仅出现了 20 多分钟，就被厚厚的云层遮挡。31 日晚，强雨雪过程如期而至，冰冻进一步加强。

1 月 31 日至 2 月 1 日，湖南省内雨雪冰冻持续加强，人们的心又沉下去了，不知道冰冻将持续多久。聚焦的目光又投向了气象部门。作为首席预报员的姚蓉准确预报了 2 月 2 日之后天气转好，气温明显回升，冰冻将在 2 月 6 日以后解除。这一准确预报为抗冰救灾最后的胜利做出了突出贡献。

在抗冰雪灾害的持久战中，姚蓉把值班室当成了自己的家，天天早出晚归。早上 5 点多钟就离开家中，女儿还没起床；晚上 12 点以后才回去，女儿早已进入了梦乡。女儿打电话“投诉”她说：“妈妈，我天天在电视里看到你，但在家里总不见你的身影。”

兢兢业业多年如一日

姚蓉1983年参加工作后，一直奋斗在一线业务岗位。在湖南省气象台业务第一线工作25年，从事气象预报服务工作16年。

多年来，她的预报质量稳定，预报质量名列前茅。1996年7月洞庭湖大洪水过程、1998年“二度梅”连续暴雨过程、2006年的“碧利斯”和2007年的“圣帕”台风暴雨过程，她都做出了突出贡献。

多年如一日，在日常工作中，她兢兢业业，埋头苦干，乐于奉献。每当关键性、转折性天气和重大灾害天气过程来临时，她总是积极主动收集实时信息、历史资料和有关文献，沉着冷静、一丝不苟地分析计算，把自己的预报思路、技术方法和预报结论毫无保留地贡献出来。每次重要天气过程之后，她不仅自己动手，还发动和指导年轻预报人员从各个不同角度展开认真的分析研讨，不断积累成功的经验。

她总是把做好每次天气预报与人民群众的冷暖安危紧密联系起来、与党政领导的重大决策紧密联系起来，以高度的责任感、严谨的工作作风和突出的技术技能，为减轻湖南气象灾害经济损失、重大社会活动和决策服务做出较大的贡献。

尽管已经取得了突出的成绩，但姚蓉从不自满，而是继续努力，坚持学习，不断提高业务能力、技术水平和综合素质。

（来源：《中国气象报》，2011年7月28日，作者：西园）

杨万基：上岛了 就是一辈子

广东是我国受台风影响最严重的省份之一。距陆地约10海里的广东上川岛，则是南海近陆海域监测台风要地。

自然之力塑造了上川岛“南海碧波出芙蓉”的原始美，也造就了它恶劣的气候条件。这里一年中平均50多天刮8级以上大风，暴雨、雷电灾害多发，每年有两三个台风吹袭。上川岛气象站，因其在气象监测中的重要地位，2014年被升格为国家基准气候站。

在这个艰苦海岛上，有一群气象观测员坚守在海岛之上，观云测雨不间断，为减小台风等气象灾害的影响默默付出。自1981年进入上川岛气象站，杨万基从一个18岁的毛头小伙儿，成长为受人敬重的老站长；从零开始学习基础气象观测知识，到业务练得炉火纯青。38年以来，在条件艰苦、任务繁重的情况下，他不怕苦、不怕累，始终爱岗敬业、无私奉献，牢牢守护防灾减灾“第一道防线”。

“在海岛上38年，我已属于这里”

56岁的杨万基在南海北部的上川岛气象站干了大半辈子，头发都“退休”了一大半，他还乐呵呵地干在一线。

1981年夏天，杨万基高中毕业时，正赶上上川岛气象站到学校招人。他学习成绩好，参加了考试，顺利考取了上川岛气象站地面气象测报员岗位。

上班第二天，杨万基就碰到了一件非常尴尬的事——洗澡洗到一半，没水了。与之相对的，他却经常“被洗澡”，因为一遇到台风、暴雨天气，办公室的瓦房屋顶就会漏水，一边编写报文，一边撑着伞，一份报文写下来，浑身都被淋透了。

初出茅庐，他对气象知识“一无所知”。老杨说，选了这一行，就得把它干好。他跟着师父从零开始，学习包括温度、湿度、气压、降水等在内的基础气象观测知识。学得越深，越能感受到气象测报的乐趣。同一年，他便成了上川岛气象站里的一名地面气象测报员。

“蛇多马路少，台风时常扰；飞鸟不做窝，人们不上岛。”这几句话说的就是当时的上川岛。相对于内陆，海岛上湿热、风大、蚊虫多、人少、交通不便、通信不畅、物资缺乏。怕苦、怕累、怕孤独，都干不了海岛上的地面气象测报员，当然，怕蛇也不行。“好多次在打开观测场的百叶箱准备进行气象要素观测时，里面突然窜出一条蛇来。想要顺利开展观测工作，还要学会和蛇斗智斗勇。”老杨说。

由于工作出色，1995 年，杨万基被任命为上川岛气象站站长。随着市场经济改革风潮涌动，气象站不少人不愿原地苦熬，选择“下海”。上川岛气象站原本 18 人的气象队伍，到 20 世纪 90 年代初只剩下 6 人，这 6 人的团队持续了整整 20 年。这 20 年中，6 个人每天 24 小时轮流值班，承担着 8 次观测、8 次发报以及每小时台风报、重要天气报的繁重任务。

曾有人劝老杨离开海岛，他坦言自己确实心动过，可当看到贴在桌角的排班表时，他总是想：我要是走了，明天甚至连值班的人都没有了。最终，他坚定了留在海岛的决心。每个人都有自己的活法，扎根上川岛气象站，是他的活法。2018 年，他入选了“中国好人榜”。

“吹不吹进海里没有关系，最重要的是第一时间上报数据”

“气象测报要及时准确，早测、迟测、误报、缺报都不可以。”老杨聊家常时和颜悦色，但说起业务时就变得很严肃。

老杨翻出上川岛气象站厚厚的气象记录年报表，用手抚摸着工整记录的数据说：“这容不得一点马虎，数据都要写进气象历史的。”

气象测报需要 24 小时值班。天气好的时候，每隔 3 小时测报一次，遇到台风暴雨等恶劣天气，就要加密到每隔 1 小时测报，这也是最考验测报员的时候。

“观测和上报都有严格的时间要求，即使在观测场淋成落汤鸡，回到值班室也得第一时间报数据。”老杨说，所有步骤都要掐着时间做，早报、迟报几分钟，都可能影响后续业务流程。

出现暴雨、冰雹、龙卷等恶劣天气时，要 15 分钟上报上级气象部门，形成重要天气专报。老杨说，很多时候吃饭都得竖着耳朵，听到雷声，丢下饭碗就往值班室跑。

让老杨印象最深的天气事件是 2018 年的台风“山竹”和 2008 年的台风“黑格比”。台风“黑格比”影响期间，16 级的狂风将观测场的不锈钢围栏掀翻，一个人在室外根本无法站立。为了在观测气象数据的同时不被大风吹跑，老杨将自己和其他两名观测员用麻绳捆在一起，坚持完成每小时测报一次的任务。从值班室到观测场只有不到 30 米的距离，他们顶着狂风用了近 10

分钟才走到。在受台风“黑格比”影响的 36 个小时里，上川岛气象站的同志忙于应急，每人休息不足 3 个小时。观测场就在海边，在室外一不小心就会被大风刮进海里。可是，为了业务，老杨不能退缩。

上川岛气象站是国家基准气候站，为研究我国长期气候演变规律提供重要依据。每次台风期间的天气会商，上川岛气象站的风速、风向、气压等都是专家会商研判台风动向的重要依据。老杨和同事随时准备好接受中央气象台、省气象台专家的询问，不管是刮风下雨还是电闪雷鸣，都没有迟发、漏发过一份气象电报。上川岛气象站连续 11 年被评为“全省先进测报组”。

随着上川岛旅游业的发展，从 2006 年起，上川岛气象站每天专门为上川岛航线提供定点、定时的精细化风力、能见度、强对流天气的预报服务，既降低了客船在大风天气出行的安全隐患，又尽可能地增加往返次数，大大方便了两岸居民和游客的出行。

2018 年 7 月，上川岛持续出现 8 级以上的大风天气，航线停运，岛上滞留了 7000 多名旅客。从 15 日下午开始，老杨就和市气象台加密会商，并保持与山咀港务局沟通，逐小时发布海域的大风天气预报。16 日下午，菲律宾以东洋面热带低压生成，天气形势非常复杂。经过多次会商分析，气象专家预计 17 日早晨到中午为复航的“窗口期”，老杨和同事经过一夜奋战提出精准复航时间。17 日 12 时，滞留旅客全部成功离岛。

“气象科技日新月异，气象人的情怀始终不变”

随着我国气象事业的不断发展，上川岛气象站的基础设施和科技投入力度也在不断加大。2009 年，上川岛气象站新建了海岛观测站。2014 年，硬件再升级，中国气象局将其建设为国家基准气候站，实现了自动化观测。

老杨说，以前 24 小时值班，站里 6 个人平均每人每月要值 5 个大夜班。实现自动化观测后，解放了人力，气象观测水平也得到提高。2018 年，年近花甲的老杨又有了新的目标——协助中国气象局在上川岛建设一座全国最先进的试验性天气雷达。

作为上川岛气象站的党支部书记，老杨常说，干一行就要爱一行、专一行，年轻人要学会耐得住寂寞，最忌好高骛远。

由于上川岛没有高中，几年前，老杨的妻子陪着儿子到台山市区读书了。周末不忙时，老杨才坐船去市区和妻儿短暂团聚。上级领导体恤他，问他想不想调到市区工作。老杨说：“算了吧，我要是离开上川岛，心里就空了，会觉得不放心。”

上川岛气象站对于老杨来说，早已不仅仅是一个工作的地方。他说：“我会在这里一直干到退休。我守的并不只是一个海岛气象站，而是气象服务抵达的千千万万个家庭。一个人要活得有意义，生存得有价值，就不能光为自己而活，要用自己的力量为他人、为国家、为社会做出贡献。”

“你的冷暖，在我心中。你若安好，便是晴天。”写在上川岛气象站门厅的两句话，道出了气象人的初心和使命。

（来源：《中国气象报》，2019 年 9 月 26 日，作者：杨群娜 管勇 胥金林）

覃晓玲：追风捕云十九载 任是无言也动人

她不善言辞却很爱笑，就算是刚见面的人也会被她的笑容打动。她叫覃晓玲，是广西壮族自治区河池市气象局最年轻的高级工程师，河池市气象局大气探测中心副主任、河池市政协常委、河池市科学技术委员会委员。工作中，她出类拔萃，科研硕果累累；生活中，她像个朴实的大姐。

“别人值班她值班，别人休息她还值班。”河池市气象局高空站的同事说。一出现灾害性天气，或者仪器、网络出现问题，值班室里除了当天的值班员，必会多出一个身影，那就是覃晓玲。

有一次，雷达出现故障，值班员是个新手，尽管当时有老同志在场，值班员依旧吓得慌了神儿，在电话里告知了正在休假的覃晓玲。不一会儿，一个熟悉的身影出现在值班室。气喘吁吁的覃晓玲来不及擦汗，立马忙活起来。经过几个小时的努力，故障排除了，雷达正常运转。覃晓玲长舒了一口气。“其实你可以不用回来的，让站里其他人维护也行，又耽误了你一天的休息时间。”同事说。“这有什么？不过来看看我也不放心。”覃晓玲笑着回答。

高空站每月都要进行雷达和经纬仪对比观测，确保其在误差范围内。对比观测需要晴朗的天气条件，所以每当天气变好，覃晓玲都要赶来值班室进行对比观测。如果观测不合格，她便继续进行校准，直到观测合格为止。对她而言，工作在哪儿，她就在哪儿，值班室在哪儿，她的家就在哪儿。

2016 年夏天的一个傍晚，大雨滂沱，电闪雷鸣。眼看已到施放探空气球的时间，恶劣的天气把年轻人吓得腿软。恰好覃晓玲也在，她顾不得多想，来不及穿雨衣，抓起雨伞就冲向观测场。覃晓玲熟练地把气球放出去，让电脑准确无误地接收探空仪发来的信号。同事们都担心她，已被淋成落汤鸡的覃晓玲宽慰大家说：“时间到了，哪容我想那么多。把气球放了，心里的石头才能落地。”她欣慰地笑了，露出那两颗可爱的门牙。

同事们说，她是风一样的女子，敦厚随和的外表下，藏着格外勇敢坚毅的心，不是雷电就能吓倒的。

不爱说话的表面下，却藏着对工作、对生活如火的热情。平时，覃晓玲是单位气排球队的主力之一。高空工作虽繁重辛苦，覃晓玲却从不缺席集体活动。这是她受欢迎的又一大原因。有一次，单位举行气排球比赛，正好赶上覃晓玲值班。两局过后，她所在的第二小队处于劣势。正当大家士气不振时，刚值完夜班的覃晓玲穿着一身运动服笑眯眯地出现在球场。她上场之后，形势大逆转，分数追平、反超，最终赢得了比赛。

19 年的奋斗，覃晓玲取得了骄人的成绩：先后 4 次被授予“全国质量优秀测报员”荣誉称号，6 次被评为自治区优秀气象测报员，30 次获得百班无错情竞赛奖，多次在广西壮族自治区、河池市举办的高空气象测报业务竞赛中获奖，其主持的多项高空气象探测科研项目投入业务使用，被评为广西气象部门科技人才工程“青年新秀”。

朴实却又不平凡，默默无言却格外动人。在 19 年追风捕云的岁月里，覃晓玲的青春犹如盛开在冰山上的雪莲，美得纯洁、美得惊艳，让人赞叹。

（来源：《中国气象报》，2018 年 2 月 5 日，作者：莫惠晴）

孙立：我驻三沙 国在我心

南海，三沙。祖国最南端的气象站，坐落于此。

高温暴晒、年均日照时间近3000小时；从风和日丽到雨骤风狂，只需一瞬间；常年吃不到新鲜蔬菜，饮用水全靠补给……“住一日是天堂，住一周是人间，住一月是地狱。”有人曾如此形容三沙条件的艰苦。

然而，有一群“观天人”，从新中国成立不久便坚守在三沙岛礁上，观云测雨、守家卫国，让气象薪火代代传承，一天也不曾间断。

海南省三沙市气象局预测减灾科科长孙立，就是其中的突出代表。34岁的他驻守三沙10年，与艰苦孤寂相伴，始终心怀使命。他用实际行动诠释着“准确、及时、创新、奉献”的气象精神，成长为“人民满意的公务员”，让薪火在年轻一代手中绽放新的时代光芒。

有人值守的岛礁，他几乎“守”了个遍

人们常说，没有什么岁月静好，只是有人在替我们负重前行。孙立就是那“人”。

“气象观测数据是准确预报天气的基础，直接关系到老百姓生命安全，一刻也不能中断。”孙立说，自己最初做观测员的那几年，每天雷打不动定点采集数据，遇到再大的狂风暴雨也得往外冲。

有一年，强台风袭击珊瑚岛。狂风肆虐中，观测设备停止了工作。3名观测员脱下雨衣包起设备，彻夜抢救资料，手工向外界传送气象数据，连续33个小时不休不眠，连口水都顾不上喝一口。等他们回过头来才发现：能吃的只剩一瓶罐头和一包方便面，其他食物全让风吹跑了！

更大的考验则在日常。

三沙有“四高”——高温、高盐、高湿、高日照。孙立与同事常会被晒得皮肤红肿甚至起泡，去室外检修设备一圈下来，能晒掉几层皮。“除了暴晒，空气也湿得能捏出水来，驻岛没几年，风湿骨病就找上门来了。”现在，即便在大太阳天里，孙立也得戴着厚厚的护膝。

艰苦的环境并没有把孙立“吓跑”。三沙是他的父亲年轻时奋斗过的地方，手握“接力棒”的孙立，早就把这些岛礁当作自己的家。这10年，从西沙到南沙，有人值守的岛礁，孙立几乎“守”了个遍。

“每次从永兴岛去珊瑚岛，都需要勇气。这段距离是用生命在漂泊。”他至今仍记得自己第一次坐船去珊瑚岛时的“煎熬”：胃跟着海浪一起翻滚，吐累了睡、睡醒了接着吐，在海上足足漂了三天三夜……

2018年，南海气象观测迈出历史性一步——南沙群岛永暑礁、渚碧礁、美济礁气象站正式启用，填补了一大空白。这些岛礁，散布在距海南岛约1000千米之外的汪洋之上。当得知那里需要有人值守，“怕坐船”的孙立，主动请缨第一批上岛。“岛是国的岛，一个岛礁气象站就是一面旗帜，我就是想把自己心里的那面旗帜矗立在南沙。”他说。

与百姓做“生死之交”，奋力守住海上生命防线

由于常年驻岛，在生活中，孙立似乎总是那个缺席的人。母亲手术的日子，全家人只有他没到场；最好的朋友家里出了变故，他没帮上忙；恋爱“被分手”，因为两人相聚的时间实在太少……当有些记忆再次被触及，他也会低落一阵子甚至掩面流泪。“跟时间打架，永远是输家。”一次次无能为力并坦然接受后，孙立在朋友圈写下这句话。

然而，作为守护防灾减灾第一道防线的气象人，他却总是赢家——及时准确的预报服务，一次次赢得了与气象灾害的赛跑、赢得了人民满意的好口碑。

2016年的一天，在预报岗值班的孙立发现雷达图上一条醒目的月牙状回波从海南岛方向汹汹而来。他意识到，原本风和日丽的三沙海域很快会出现“杀伤性”狂风暴雨。向政府和各部门报告，提前发预警，想尽办法通知海上船只……在与时间的赛跑中，附近海域所有船只都收到了信息顺利回港，无一伤亡。

“我们刚靠港就狂风大作，那是我第一次意识到，天气预报能救命！”那天坐船在海上采集样本的环境科研人员吴其珍至今仍心有余悸：如果翻了船，不仅辛苦采集的海水样本将毁于一旦，船上十几个科研人员也生死难料。

台风是南海最常见的不速之客，“芭玛”“蝴蝶”“贝碧嘉”……还有一些连名字都没有的台风“胚胎”，哪个都不让人省心。而防御的先手棋布设得到不到位，要看天气预报准不准、快不快。“台风天是我们最紧张的时候。”孙立说。

气象人的“紧张”，换来的是百姓在灾害面前的安然。如今我国台风预报水平已领跑全球，每次台风登陆前，三沙有关部门都会依据孙立和同事们提供的预报，早早筑起“防御工事”，

因台风出现伤亡的情况，也越来越少见。

通常，气象工作者隐于贴心的天气预报幕后，对百姓来说既熟悉又陌生。这种特殊的工作性质，也让孙立收获了不少特别的“朋友”。

南沙渔民林圣雄便是其中之一。每次出海前，他一定会给孙立打个电话，确认天气平稳后，才敢放心开船。“报得很准！我从没见过他，却百分之百信任他。”在老林心里，自己与孙立是“电话之交”，更是“生死之交”。

“把未知的灾害性天气及时准确预报出来，传递给需要的人，奋力守住海上生命航线。”在孙立看来，这是自己作为气象人的使命与责任，也是建设“一带一路”、海洋强国的时代要求。

创新当好气象“服务员”，努力摸透这方天空的脾性

作为“一带一路”的重要节点，南海拥有世界上最繁忙的航线。然而，变幻莫测的天气，暴雨、台风等致命灾害，严重威胁着国内外往来船只的安全。

“如何创新方式与内容、提升服务本领，我们一直在探索。”他说。随着三沙海洋气象电台的开通，在往来于南海的数千艘船只上，常年与风浪为伴的渔民、船长们，只要带上一台收音机，就能收到贴心的天气预报，不分国籍与地域。如今，这一服务的覆盖半径已达 1000 海里。

年复一年，孙立和同事们走访作业船只问需求，不断优化天气预报；一点点突破“最后一千米”，把预警信息传遍渔场、港口、岛礁；开设微信公众号积极做科普，把防灾减灾意识种到人们心里。

创新的热情，在孙立钻研预报技术、执意要摸透南海天空的“小脾气”中也淋漓体现。“永兴岛的降水不像内陆那样受地形影响，降水预报有时比台风还要难。”他深知，这与南海特殊的地理位置、科研领域尚存在的诸多空白不无关联。

这些“空白”深深激发着孙立的斗志。他利用空闲时间一点点翻阅整个南海所有历史观测资料，归纳分析南海气候特征，碰上“难搞定”的天气就逐一积累总结。凭着优异的预报水平，他连续多年获评“全省优秀预报员”。

“做气象人，预报准天气是本分。老百姓有期盼，我们就要全力以赴。”孙立说，自己只是全国 11 万多气象人中的平凡一员。在高山、荒漠、海岛，还有很多人默默坚守，做好气象监测预报预警服务是大家共同的初心与追求。“哪里需要我，我就愿意在哪里发光散热。微光聚在一起，才是光芒！”

（来源：《中国气象报》，2019 年 6 月 27 日，作者：贾静淅 苗艳丽 李一鹏 王晨）

邓承之：峰险景无限 有志方可达

得知邓承之被评为全国气象工作先进工作者后，笔者打了一通电话过去，准备恭喜他，却得知他正在美国俄克拉荷马大学交流学习。

“派邓承之出去学习，一方面源于市气象局开展本地化中尺度数值预报业务建设需要，另一方面是市气象台推进预报员转型发展需要。”重庆市气象台台长周国兵说，邓承之在业务上勤于钻研，既注重提升预报能力，又注重理论学习与科研工作，对工作很执着，有追求。

的确，邓承之在重庆市气象台工作的12年时间里，从初来乍到的跟班实习到获准上岗，从普通预报员到首席预报员，这一路走来，十分精彩，忍不住让人为他拍手叫好。

2005年7月，邓承之毕业来到重庆市气象台，成为短期及短临天气预报员。到2010年3月，他便通过气象台的竞聘考核成为了一名首席预报员。此时的他还只有本科学历，且还不是高级工程师。

“学历不是唯一，市气象台更加注重业务能力，不拘一格用人才。”周国兵说，邓承之取得的成绩，同事们都有目共睹。

实际上，毕业于南京信息工程大学大气科学专业的邓承之，在初入学时，对气象并未有过多了解。直至真正进了气象之门，他才发觉物理、数学等知识在气象学中的应用是如此的深入而广泛。用邓承之自己的话形容就是“气象的世界奇妙又充满了吸引力，让他深陷其中，无法自拔”。

这样的话，不只是随口说说，在现实的工作中，也印证了邓承之口中的“无法自拔”。

2014年主汛期，重庆出现了10次区域性天气过程，其中“8·10”“9·1”“9·13”几次区域性暴雨过程，他都无一例外地赶上了。

“区域性暴雨接踵而来，这是对气象台的考验，也是对我的考验。”邓承之说，有一次降水过程从8月31日凌晨8时左右开始到9月2日中午才结束，此次过程小时雨强在30毫米、

40 毫米左右，虽然对重庆地区而言不算特别强，但其一直稳定在渝东北地区，累计雨量比较极端。

在那段时间，分析天气、参加全国天气会商、组织内部会商和全市天气会商、发布预警信息等事情占用了邓承之的所有时间，他就没合过眼，直到 9 月 2 日下午，他交班了，回到家连饭都没吃，倒头就睡了。

“我一直都认为，只要是自己喜欢的，哪怕再苦再累都想做到更细致更好一点。”邓承之说，身体虽然辛苦，但因为有了准确的预报，及时的服务，减少了灾害损失，预报工作得到了公众肯定，他的内心便得到了满足。

2016 年 1 月 13 日至 15 日，第五届全国气象行业天气预报职业技能竞赛在北京举行。由邓承之领衔的重庆代表队获得了团体第四名、历史个例天气预报单项团体第一名、个人全能第四和第八名的好成绩，这样的成绩是重庆参加全国气象行业技能竞赛以来的最好成绩。对于既是参赛选手又是兼职教练的邓承之来说，那当真是“峰险景无限，有志方可达”。

邓承之从不抱怨，也不言辛苦，这一切皆因他喜欢这份工作。因为喜欢，他还在钻研预报业务之外的时间里，成为了一名气象科普志愿者。

2017 年 3 月 15 日早晨，邓承之早早地来到了铜梁实验一小科普宣传现场，查看多媒体是否正常，检查 PPT 是否还存在字词错误，神情严肃，不容一点怠慢。这次他要面对的是 300 多名小学师生。

学生陆续进场，邓承之的表情变了，此时的他可一点儿都不严肃，越看越像一个大哥哥，笑容多了，言语之间更显温柔幽默。在邓承之的感染下，孩子们逐渐安静下来，时而抬头盯着邓承之的 PPT，时而拿起手里的笔不停地在本子上写着。到了提问环节时，孩子们几乎都举起了手，场面好不热闹。

“做科普宣传就得这样，针对不同的对象要准备不同的科普讲解内容，配合适当的讲解方式，最大限度地帮助人们学习到实用的气象灾害防御知识。”当问及邓承之做科普宣传为何能如此吸引人时，邓承之说道，作为一个气象人，参与气象工作义不容辞，气象工作也需要得到更多人的理解，气象防灾减灾知识需要更为广泛的普及，所以不管是制作 PPT 还是在讲解的时候，他都非常用心。

“不求最好，但求更好。”邓承之说，不管是做预报还是做科普，他肯定不能做到最好，但是他会尽最大努力做到更好，对得起自己喜欢的工作，也对得起组织给他的各种荣誉。

（来源：《中国气象报》，2018 年 2 月 2 日，作者：姚延洋 李红）

蔡元刚：孜孜不倦为农事

蔡元刚，四川省绵阳市气象局农业气象中心主任。他身材适中，戴着一副眼镜，看上去文质彬彬。然而，就是这样一个书生气十足的人，却常年奔走在田间地头，围绕粮食生产、农业防灾减灾，积极为各级政府和广大农民朋友开展气象服务，为粮食增产做出了重要贡献。

为粮食生产保驾护航

雨后的山村，道路泥泞，蔡元刚深一脚、浅一脚地走在田间小路上。搞农业气象工作，下乡是“家常便饭”。一直以来，蔡元刚都从事为农气象服务，常年深入田间地头，开展农情、墒情、灾情调查。特别是在关键农事期，蔡元刚更是忙碌在农业生产第一线，摸情况、查问题，及时制作农业气象专题服务材料。

2007 年盛夏，稻飞虱肆虐广大农村，农民们看着一片片卷曲的稻叶欲哭无泪。农民急，蔡元刚比农民们更急。作为绵阳市水稻稻飞虱防控专家组成员，那段时间，他经常与植保技术人员深入农村，进行详细调查。回来后，他又加班赶写专题服务材料。

人，憔悴了，脸，晒黑了，但他撰写的专题服务材料多次被市委、市政府和有关部门作为重要材料下发至县、乡政府，用于指导稻飞虱的防治工作。

2007 年，绵阳市气象局被绵阳市委、市政府授予“抗灾减灾先进集体”称号，这其中，有蔡元刚不可磨灭的功劳。

2008 年初，绵阳市出现严重的低温雨雪冰冻天气。蔡元刚顶风冒雪，10 余次深入基层，进行田间调查，撰写专题服务材料和评估报告，为绵阳市党政领导和有关部门指挥防灾减灾提供了第一手材料。

在汶川地震发生后，他一边积极参加抗震救灾，一边针对灾区农业生产恢复和增产开展调研分析，多次深入灾区调查了解作物受灾情况，及时撰写专题服务材料。

2010 年 4 月至 8 月，蔡元刚被借调到四川省农业气象中心工作。他充分发挥熟悉农业生产、基层工作经验丰富的优势，带领年轻同志深入到 7 个市（州），开展作物生长调查，撰写的《低温阴雨时间长，大春作物受害明显》的专题报告，受到省委领导的高度重视。

为此，四川省各地大力推广抗灾减灾技术，狠抓田间管理，主动避灾，有效防灾，积极救灾，最大限度减轻了灾害造成的损失，粮食总产比上年增加 1.4%，增产 5 亿千克以上。

科研开发强化防灾减灾

蔡元刚自参加工作以来，刻苦钻研业务，不断学习新知识，掌握新技术，在农业气象业务服务和农业气象技术推广中，开展了大量科研工作，为绵阳市农业防灾减灾、粮食安全提供了有力的技术支撑。

自 2007 年以来，他先后主持完成了《四川盆地帕默尔旱度模式研究》《四川省农业干旱实时监测预警系统》等课题，为全省农业干旱实时监测预警提供了技术服务平台。他参与的《四川盆地小麦赤霉病气象条件等级预报技术研究》《四川盆地玉米干旱监测指标及系统建设》等课题，解决了粮食生产中的主要农业气象问题。

2011 年，在全国乡村气象服务专项试点项目启动后，蔡元刚作为技术带头人，多次深入试点县，进行实地调研，主持完成了县级农业气象服务平台等软件的研制工作，为全省农村气象防灾减灾体系和农业气象服务体系建设提供了有力保障。

（来源：《中国气象报》，2012 年 1 月 6 日，作者：姜永育）

段露雅：十年辛苦不寻常

段露雅祖籍云南，中共党员，1980 年 7 月参加工作。在贵州省气象局，她曾先后担任过气象台填图员、局办公室秘书，也曾“下海”当过销售员、华云服务部经理，还任过主任科员、人事处副处长，2001 年 5 月调任贵州省农村综合经济信息中心（以下称贵州农经网）副主任主持工作，2008 年 6 月任主任。她看似身体单薄，甚至有些弱不禁风，可自上任以来，在贵州省委、省政府的正确指引下，在贵州省气象局党组的坚强领导下，在全省气象部门广大干部职工强有力的支持下，她率领她的团队克服重重困难，将贵州农经网打造成今天的全国知名网站，惠及贵州千万以上农民，截至 2009 年底促成全省企业、协会、基地和农户外销农产品及招商引资总额 63.23 亿元。她也因此连续多年被贵州省气象局考核为年度优秀，同时先后被评为“贵州省信息产业‘十五’先进个人”“中国农业信息化十大年度人物”，贵州省“五一”劳动奖章，并于今年被授予“全国先进工作者”荣誉称号。

柔肩挑重担

约访段露雅是在她赴京出席全国劳模暨先进工作者表彰大会前夕——一个周末的上午，前一天深夜她刚从毕节地区调研回来，记者走进她的办公室还可以看见她一脸的疲惫。

“段主任，首先恭喜您荣获‘全国先进工作者’荣誉称号，这不仅仅是您和贵州农经网的骄傲，也是贵州气象部门，乃至整个贵州的骄傲！十年辛苦不寻常，贵州农经网在您的率领下能够走到今天不容易，请您谈谈您的成功与付出……”记者的话还未说完，谁知段露雅眼圈一红，泪水一下涌了出来。透过自己朦胧的泪眼，那逝去的岁月一幕幕开始浮现在她的眼前……

“回顾贵州农经网的发展历程，的确真的很难很难……”段露雅哽咽着这样告诉记者。她清楚地记得，那是 2001 年 4 月 30 日下午，当时她正在办公室处理事务，她的顶头上司、人事处长走了进来：“党组决定你去农经网……”用她自己的话来说，党组的这一决定犹如当头一闷棒，把她一下子击懵在那里，她当时真的不理解为什么要这样。人事处长见状急忙补充解释道："是去主持工作！"但她仍然懵在那里。

局党组的决定是30日做出的，5月8日局主要领导、分管领导、人事处长就分别找她谈话。她有些急了，在局主要领导面前她几乎祈求地说："不行，我真的不懂，请党组重新考虑合适人选吧！"

"我说你行你就行，这是党组研究决定的，不能改变！"省局主要领导强硬地甩出这样一句话。"去了以后只要虚心地努力向大家学习，就一定能做好工作，党组信任你，我们相信你！"局领导最后这样勉励她。谈完话的当天，段露雅就噙着委屈的泪水来到了贵州农经网。

快刀斩乱麻

当时，计算机还未在省气象局机关普及，互联网对许多人来说更是十分陌生，就是曾经身为人事处副处长的段露雅也很少用电脑起草文件、材料。"因为心里没底，当时我对自己去农经网一点信心都没有。"

横亘在段露雅面前的另一个困难是，气象部门承办贵州农经网，除了省委、省政府认可并委托，省气象局党组信心坚定外，部门内外许多人都不理解，且持怀疑、甚至否定的态度，认为早晚要"死火"或者"夭折"，有的甚至冷嘲热讽，等着看笑话。让她更难的还有，到农经网上任后，她的手下也认为"外行领导内行"是行不通的，她肯定待不长。

"但是，既然党组如此信任，并把这样的重任交给我，我无论如何也不能辜负组织和领导的重托与希望，赴任后首先面临的任务就是学习，我一定要搞清楚互联网是什么、如何办好农经网！"开始的时候，段露雅几乎天天"泡"在网上，并钻头觅缝地去查找各种资料。

送她上任之时局领导有交代：3个月内理顺管理、建章立制，包括分配制度等。在段露雅上任之后的整整两个月里，无论白天还是夜晚，她几乎都是在自己的办公室里度过的，主要任务就是亲自拟写各种规章制度。当时，在奖酬制度里有一条是"论功行赏"，公布之后大家都十分高兴。后来，她意识到创业阶段应当引导职工多讲奉献、多比贡献，等到发展好了再谈收益，于是立即予以矫正。

思路定出路

内部管理理顺之后，接着就是多方奔走加强汇报、协调调研宣传，以及深入思考贵州农经网的发展思路。整个国庆期间，她一个人"窝"在家里反复归纳、提炼贵州农经网初期发展思路并对其进行缜密阐释，国庆一结束就据此听取大家的意见、建议，最后集思广益得出了“夯实基础，突出效益，强化宣传，创立品牌”的发展思路，整个团队的每位成员眼前豁然开朗，也看到了希望的曙光。

“十五”期间的发展事实充分证明，贵州农经网初期发展思路无疑是正确的。在段露雅的率领之下，经过坚持不懈的努力，贵州农经网在“十五”期间顺利完成了省、地、县、乡网络延伸及工作站点建设，全面实现“信息入乡工程”建设，并于2004年实现了初期奋斗目标。

2014年4月29日上午，贵州省庆祝“五一”国际劳动节暨表彰大会在省委大会堂隆重举行，段露雅与其他劳模一样戴着大红花在靠近主席台的前三排观众席中间位置就座。当省委副书记王富玉在主席台上致辞说到“衷心感谢你们这些长期以来默默奉献的劳动者”，并站起来向主席台下鞠躬时，段露雅顿时感慨万千，泪流满面。那不仅是成功的喜悦之泪、幸福之泪，而且饱含着对贵州省气象局的坚强领导与各级气象部门的支持的感激，她的团队经历了太多的艰辛，个中滋味只有段露雅自己知道啊！

奋战铸辉煌

在成就事业的道路上，段露雅和她的团队没有浅尝辄止，而是于2005年经过认真缜密的思考，又进一步提出了“整合资源优势，创新媒体特色，围绕服务核心，创造增值效益”的贵州农经网中期发展思路，并组织编制《贵州农经网发展“十一五”规划》，明确“以信息化带动农业产业化最终实现农业现代化，推动全省农业和农村经济实现跨越式发展”的战略目标，而且坚定不移地沿着这一目标，将事业一步步推向新的成功，贵州农经网也成为省内乃至国内知名网站，工作成绩受到各方面的充分肯定。

2006年至2009年，贵州农经网连续4年被评为“中国农业网站100强”；2006年被评为“贵州省信息产业‘十五’先进集体”“2006年度贵州省优秀互联网出版业务网站”；2007年获省直机关“优秀青年文明号”和共青团贵州省委“青年文明号”称号；2005年、2008年分别被中央文明委授予“全国精神文明建设工作先进单位”“全国文明单位”荣誉称号；2009年获“贵州省科技成果转化奖”一等奖。

如今，贵州农经网已成为广大“三农”多渠道获取信息服务的咨询平台；成为政府指导农业农村经济发展的重要工具；不仅是广大涉农企业宣传推广产品和技术的优秀媒介，还是贵州农村公共气象服务的重要渠道和载体。

4月27日傍晚，记者观看中央新闻联播关于表彰全国劳模和先进工作者的报道时，再次通过短信向段露雅表示祝贺，段露雅这样回复：“真心感谢，我个人的力量和贡献很渺小，荣誉和光荣是大家的。”并且一再叮嘱报道要突出集体，“没有全省各级气象部门和团队的努力，我个人将一事无成！”

段露雅同时告诉记者，农经网前期工作虽然取得一定成绩，但离省委、省政府及贵州省气象局党组的要求和服务“三农”需求还很远，目前面临的问题和困难还很多。贵州农经网要实现新的一轮科学发展，必须继续进一步统一思想认识，转变发展观念，在网络进村入户、进一步丰富气象为农服务内容、建设专业队伍、整合现有涉农网站资源、搭建为农服务平台等方面狠下功夫。因此，最近段露雅和她的队员们在加快村级多功能信息服务站示范点建设的同时，正忙于加紧深入毕节、铜仁等地调研。前路漫漫，贵州农经网的发展任重道远，我们衷心祝愿段露雅和她的战友们在前进的道路上乘风破浪，走向更加灿烂的明天！

（来源：《中国气象报》，2015 年 5 月 15 日，作者：曾居仁）

龙春洪：奔走在抗洪救灾最前沿

位于贵州省黔西南布依族苗族自治州的望谟县，是暴雨、山洪多发县份之一，仅 2006 年至 2011 年，就先后发生特大暴雨、山洪 4 次。

工作在这块土地上的气象干部职工迎难而上，在“班长”的率领下，为当地防灾减灾提供了坚实的气象保障。“班长”就是今年“全国五一劳动奖章”获得者、望谟县气象局局长龙春洪。

20 世纪 80 年代初，龙春洪来到望谟县气象局工作，之后近 30 年都没有离开过这里。在他的率领下，望谟县气象局各项工作开展得有声有色，多次受到中国气象局、贵州省气象局，望谟县委、县政府的表彰。

2011 年 6 月 5 日夜间到 6 日凌晨，望谟县 8 个乡镇出现大暴雨，局部地区出现特大暴雨，并引发山洪、泥石流灾害，致使河水陡涨冲毁农田、道路、房屋，导致 37 人死亡、15 人失踪，直接经济损失达 20.65 亿元。

6 月 5 日 15 时，龙春洪组织值班同志及相关人员认真分析天气形势图，加强与上级业务部门的会商，在 16 时 30 分通过手机短信发布平台、电话、传真等手段，及时发布预报预警信息。22 时 20 分，打易、乐旺、打尖等乡镇开始出现降雨，自动站数据显示雨量不断上升。

在 23 时 20 分暴雨橙色预警发布之后，龙春洪立即组织实施“三个叫应”（叫应县领导、乡镇领导、乡村气象信息员）工作。23 时 46 分，预警信号升级至红色，龙春洪迅速向县里相关领导通报雨情，建议下游沿河两岸居民转移；6 日零时 17 分、1 时 20 分，龙春洪先后两次通报打易等乡镇雨情，建议做好防范及启动防洪应急预案；1 时 30 分，望谟县城普遍拉响抗洪抢险警报……

6 日清晨 7 时，龙春洪不顾一夜不眠的疲惫赶往县里参加紧急抗洪抢险工作会。会议刚结束，他便心急火燎地赶回单位组织通报灾情、传达会议精神，同时宣布成立抗洪抢险救灾气象服务工作小组，带头投身到抗洪抢险救灾工作中……

龙春洪的家就在单位附近的气象局宿舍，近在咫尺。6月5日傍晚，龙春洪的妻子熊燕领着年仅6岁多的儿子独自在家。6月6日凌晨，龙春洪往家里打过一次电话，说当晚的雨可能会有点大，要妻子提醒住在河边的岳父母一家注意安全。

看着窗外越来越大的雨点，熊燕急忙放下电话带着孩子摸黑朝父母家赶去。在半路上，看到汹涌的洪水翻滚而下，她立刻明白父母家的房子已经被淹了。打座机、手机均无法接通，几近绝望的她哽咽着给丈夫打电话："天都快亮了，可能婆婆她们都不在了……"接到电话的龙春洪当时哪里走得开，挂了手机又开始紧张地战斗。无助的母子俩只能相互拥抱着在路边哭守。直到清晨5时左右看到满身湿漉漉的亲人们从水里走过来，熊燕和孩子才破涕为笑。

熊燕2011年以前长期在乡下水电站工作，由于要上夜班，很长时间才能回家一次，孩子就丢给龙春洪带。有一次，龙春洪到县里开会，随同前往的孩子在车上睡着了，龙春洪便将车门锁上。散会之后，打开车门一看，早已醒来的孩子哭得泪流满面。

虽然如此，熊燕丝毫没有责怪龙春洪的意思："我们的工作性质都差不多，一到汛期和雷雨季节都很忙。特别是他，许多时候深更半夜听到打雷下雨，下床披衣就往单位跑，一去就是一晚上。有什么办法，工作要紧啊！"

（来源：《中国气象报》，2012年5月25日，作者：曾居仁）

李振荣：结缘高山 传承前辈遗志

在云南省昆明太华山气象站，站长李振荣已经在山上坚守了十几年。

李振荣的气象生涯从雪山开始。1982 年从云南省气象学校毕业后，李振荣参加了中国科学院组织的横断山脉气候资源考察队。18 个月里，他在迪庆藏族自治州德钦县海拔 3760 米的白茫雪山站点从事气象观测工作，中途仅回家休息过 1 个月。

这段经历至今让他难以忘怀。当时，大雪封山长达半年之久，遇到连续降雪的时候，每隔几小时就要轮流铲雪维护观测仪器。在无电、无通信、无广播的环境下，李振荣与同事一道圆满完成了科考观测任务，为横断山脉气候资源考察获取了第一手气象资料。这些资料至今仍有科研价值，对研究气候变化具有重要意义。

多年后，李振荣调入昆明太华山气象站工作，再次与高山结缘。

2004 年，他来到海拔 2358 米的太华山气象站，坚守于此十余年。2012 年，该气象站完成太华山业务综合楼的建设，建成一流台站。这些年来的付出让他获得了多项荣誉：1989 年被云南省教育厅、云南省省委直属机关工委、云南省省级国家机关工委联合授予八八届“先进讲师团成员”；参加研究工作的“公元 2000 年云南省环境预测及对策研究”课题，荣获云南省人民政府授予的“1989 年度科技进步奖”三等奖，被云南省环境保护委员会表彰等。

而太华山也给了他另一个机缘——更深刻地了解陈一得先生。

太华山气象站的前身是云南省立昆明气象测候所，于 1937 年创办。第一任所长便是云南近代气象、天文和地震事业的先驱——被誉为“中国自然科学界的鲁殿灵光”的陈一得先生。1927 年，陈一得自费创办了云南第一个、中国第二个国人自办的气象站——私立一得测候所，率先把近代西方自然科学观测方法和定量分析研究方法引入云南。

这位前辈深深影响了李振荣。2006 年，他带领职工清理一得楼，整理收集关于陈一得的材料，建成了“陈一得文物档案馆”。这座凝结着心血的博物馆后来先后被授牌“云南气象博物馆”“全国科普教育基地”“云南省爱国主义教育基地”等称号，参观人数逐年增多。李振荣也积极投身于“一得精神”的宣传推广，热心担任讲解员，至今讲解上百场次，传承一得先生爱国爱家的情怀、献身科学的精神、求真务实的作风、志存高远的境界和艰苦创业的风范。

在高山艰苦台站工作的日子里，难免与家人聚少离多，但李振荣对家人的爱却从未改变过。他感激承担了家庭重担的妻子，在下山的日子里常常主动多做家务，以弥补妻子的辛劳。此外，他还注重家庭家教家风，对多年来患重症的老人尽心尽孝，对亲戚朋友以诚相待。2017 年，昆明市第四届寻找“最美家庭”活动中，经大众及专家评审，李振荣家庭被评为第四届昆明市“最美家庭”。

（来源：《中国气象报》，2018 年 1 月 17 日，作者：李洪波）

假拉：行走在雪域高原

假拉，西藏自治区气象台台长，中国气象局首批“百名首席预报员”。1995 年获得中国青年科技奖，1996 年荣获“中国十大杰出青年”称号，1998 年获得国务院颁发的政府特殊津贴，2005 年被授予“全国先进工作者”荣誉称号。

大学二年级时，假拉的父亲在一场事故中不幸身亡，沉重的打击使母亲病弱的身体雪上加霜。作为独子，假拉想留在母亲身边。这时，父母所在单位的负责人洛桑赤烈给假拉吃了一颗定心丸：“你妈妈由我们照顾，你安心去上学吧！”

回到学校的假拉潜心学习，为今后的工作打下了扎实的专业基础。大学毕业后，假拉被分配到西藏自治区气象台工作，和久卧病床的母亲相依为命。

1987 年，日喀则南部发生雪灾，人畜伤亡严重。作为一名气象预报工作者，假拉深感自责，同时，也认识到自己知识的欠缺，无法把握雪灾的规律性。于是，他又把自己埋在了书堆和资料里。

1990 年，假拉考上硕士研究生，把母亲托付给妻子照顾，只身前往南京气象学院天气动力专业研究生班学习。3 年后，学成归来的假拉一进家门就找母亲，却无人应声。原来，就在他临近毕业时，长期忍受病痛折磨的母亲离开了人世。为了不影响假拉的论文答辩，妻子隐瞒了此事。

1993 年，假拉承担起西藏全区的“三性”（灾害性、关键性、转折性）天气预报的把关工作。次年冬天，假拉和同事预测出藏北一带将有大范围的雪灾。为了使预报结论尽可能准确，假拉多次与藏北气象部门进行会商，并认真检验每一个数据，最终将准确的预报提供给了自治区领导和有关部门。大雪如期而至，证实了假拉和同事们的预测。各级政府和部门采取了切实措施，将灾害损失降到了最低。西藏自治区政府为此专门致函中国气象局，对雪灾预报人员提出了表扬。假拉也因此被中国气象学会授予了“全国优秀科技工作者”称号。

1995 年，假拉和同事获得西藏自治区科技进步一等奖，1996 年，又获得了国家科技进步三等奖。同年，假拉承担的中国气象局“九五”项目高原牧区雪灾天气研究的西藏部分课题结题，项目成果投入业务运行后，在 1997 年至 1998 年严重雪灾的预测中，发挥了显著作用。1999 年，假拉主持了中国气象局“九五”课题印度季风与西藏高原夏季降水。经过两年多的研究，课题组根据物理概念模型和月、季统计预报方法，准确做出了 2000 年夏季高原出现连续第三个涝年的预报，引起了国内外气象专家对印度季风影响高原和东南亚气候的极大关注。

近年来，假拉先后准确预报了 2008 年 10 月西藏中东部特大暴雪、2009 年 10 月西藏南部暴雪、2010 年 4 月察隅县持续强降雨等重大天气过程。在 2008 年北京奥运火炬在拉萨和珠峰传递的专项气象保障服务中，假拉负责方案编制、组织实施和预报服务把关工作，圆满完成了奥运会气象保障服务。

（来源：《中国气象报》，2011 年 8 月 4 日，作者：南川）

梁科：心中有国 藏北是家

“千山之巅，万水之源”的那曲位于西藏自治区北部，平均海拔 4500 米以上，被称为“世界屋脊的屋脊”。

这里年均大风日数 84.4 天，年均雷暴日数在 76 天以上，最低气温 –37.6 ℃，含氧量仅为平原地区的 57%……越是这样恶劣、复杂的气象环境，越是需要有气象人的驻守，监视一方风云守护一方平安。那曲市嘉黎县气象局局长梁科，是藏北气象人中的一员。

心中有国，哪里都是家。2002 年毕业后，梁科没有回四川老家，而是直接奔赴艰苦的那曲。他先后在索县、安多、比如、嘉黎等地工作，用一腔热忱投入气象业务服务，怀一颗爱国之心维护祖国统一、民族团结。

要增收更要生态，找准助力发展着力点

基层工作的历练让梁科快速成长起来，2006 年，他被调到比如县气象局任职。

新岗位是信任也是新挑战。比如县是西藏冬虫夏草主产区，虫草是农牧民最主要的经济来源。经过研究分析，梁科发现：虫草采挖的四五月份正是雷暴易发多发季。既要守住农牧民的钱袋子，也要护好牧民的生命安全，气象服务要有所作为。

虫草采挖区多处悬崖峭壁，梁科联合那曲市防雷减灾管理办公室工作人员徒步进入采挖点，面对面向农牧民宣讲防雷避险知识；遇有灾害性天气，气象部门第一时间将天气预报预警信息和避险建议送达采挖点。

“每次要发生降水或雷暴等天气时，气象局的服务材料总是提前送达。连续多年，比如的雷击事件报告都为零，农牧民的生命财产安全得到了有效保障。”比如县应急管理局局长旦琼对虫草采挖气象服务赞不绝口。

2013 年，《比如县虫草主产区生态气象保障服务方案》印发，这是比如县政府印发的首个关于虫草主产区生态保障方案。“方案不仅对合理安排虫草采挖期给出建议，还结合气候条件开展虫草产量评估，便于初步掌握农牧民增收情况，同时为生态保护提出合理建议。”比如县农业农村局局长边曲说。

此外，结合当地交通和生态文明建设需求，梁科推动建设江古拉山交通自动气象站和萨普冰川自动气象站；开通比如气象微信公众号，拓展气象服务渠道……气象点滴变化成了经济社会发展的助推器。

一线“蹲点”解难题，群众亲切地唤他“旋巴”

2011 年，梁科主动申请到比如县达塘乡，开展为期 8 个月的“蹲点”工作。其间，他与农牧民群众同吃同住同劳动，结下了血肉亲情。

“蹲点”宣讲党的政策，不仅要讲得出来，还要让群众听得懂，这对梁科来说，是一个挑战。为了克服语言沟通障碍，他每日跟着“贤内助”多吉卓嘎补习藏语到深夜。他留心收集小故事、小视频，与大家交流分享，帮助他们理解政策。

在实地走访过程中，梁科发现村里五保户德吉老阿妈一直卧病在床，孩子都远在拉萨，无人照顾。梁科主动为老阿妈买药，自掏腰包帮助她看病，多次到家里照顾直至她病情稳定。

梁科积极协助帮扶对象赴技术学校学习，掌握一技之长；他还组织职工捐款，多次赴福利院、特殊学校等开展慰问帮扶。

8 个月的“蹲点”，梁科不仅走进了农牧民的生活，还备受信赖，成了大伙的知心人。当地村民亲切地称他为“旋巴”，在藏语里代表阳光乐于助人的年轻小伙子。

“作为党员干部，多一些力所能及的帮助，可以让更多困难群众感受到党和国家的关怀与温暖。”梁科说。

扎根藏北，做身体力行的带队人

今年 37 岁的梁科，在那曲气象部门已经是“老”同志了。

由于西藏高寒缺氧、气候恶劣，很多同事工作满 20 年，申请提前病退。眼下，局里多是近几年新入职的年轻同志，带好这支队伍，是他的重要责任。

年轻人不会做饭，他就自己当厨师；对业务不熟悉，他手把手地教；照顾女同志，他总是把自己排上夜班；为了让更多人节假日能回家团圆，他就随时顶上值班岗。如今，他已有 6 个年头没有跟家人一起过年了，平常的日子也是聚少离多。“等退休了再好好陪家人。”每次他都这么安慰自己。

“梁局长更多的时候是身教，而不是言传。他用行动向我们展示了一名优秀气象人该有的样子。”2017 年入职的扎白说，自己从梁科身上学到很多，他和许多年轻人都下定决心：我们也会努力做好。

用脚丈量藏北大地，在平凡的岗位上履行好一名党员、一个气象人应尽之责，梁科做到了。“高原气象人精神给了我无限动力，扎根藏北，践行初心使命，做好气象保障服务，守护好农牧民群众冷暖。”他坚定地说。

（来源：《中国气象报》，2019 年 10 月 11 日，作者：田浩宇）

贺文彬：倾心钻研 护卫三秦

贺文彬，这个憨厚踏实又睿智的陕北汉子，在人工影响天气部门默默奋斗、倾心为农，成为一名为全国粮食生产做出突出贡献的模范代表。

一心为农抗天灾

2011 年 7 月 12 日至 29 日，在陕北、渭北等陕西果业主产区和商洛等大部分地区出现了连续性强对流灾害天气过程，个别地区甚至出现了 70 年不遇的冰雹天气。作为一个从事气象业务服务多年的老气象人，贺文彬敏锐地觉察到这次灾害天气过程持续时间之长、影响范围之广、对流云强度之大，为历史少有。他当机立断决定，迅速开展人工影响天气（简称“人影”）作业，让农民尽量少受损失。

“耀州人影作业炮弹是否充足？”“两个小时后是洛川最佳人影时机，立即安排！”在实施人工防雹作业的这 18 天里，贺文彬一直坐镇省人影指挥中心调度指挥，严密组织灾区各作业点开展防御冰雹灾害的作业服务。其间，全省共有 7 市 46 县（区）开展防雹作业 1010 次。此次防灾减灾服务不仅赢得了当地百姓的好口碑，也得到了陕西省政府和延安、咸阳等地方政府的充分肯定。

自 2008 年担任陕西人工影响天气办公室主任以来，每次有重大天气灾害过程出现时，贺文彬的身影总是第一个出现在省人影指挥中心的大厅。3 年里，他曾先后组织实施了 36 次大范围人工增雨防雹作业服务，人工增雨防雹作业服务先后 7 次受到省、市级政府的通令嘉奖。

手织密网护三秦

陕西是典型的旱作农业省份，素有“十年九旱、三年大旱”之称，随着气候变暖背景因素的影响，干旱、冰雹等灾害越来越成为制约全省粮食生产的瓶颈问题。

陕北汉子历来有一股不服输的劲儿，贺文彬也一样。他利用半年时间，深入9市47个县一线作业点调研，摸清了全省人工影响天气工作的现状和问题，并提出了发展思路和主要对策。根据陕西农业发展需求和气象灾害分布特点，他带领团队设计了不同区域、不同灾害的人影为农服务作业布局，提出人影“四大基地”建设规划；完成了陕西“十一五”规划气象专项重点项目——渭北优势果业区防雹增雨基地建设，在全省粮食主产区和优势果业区新增地面作业点214个；启动了陕北旱区飞机增雨基地、关中粮食主产区飞机增雨基地和《陕西省新增25亿斤粮食生产能力建设规划》人影服务保障工程建设。

现在，在贺文彬的带领下，陕西全省已经基本建立了以关中、渭北、陕南、陕北四大人工影响天气基地为龙头、辐射周边的为农服务作业布局，形成了由增雨飞机、高炮、火箭等组成的综合作业手段，实现了人工影响天气为农服务全覆盖。

倾心钻研出精品

贺文彬常说：“人工影响天气服务‘三农’已经走向常态化、科学化的新阶段。‘工欲善其事，必先利其器。’做好人工影响天气为农服务这篇大文章，必须在提高科学化服务水平上下功夫。”

作为陕西人工影响天气技术负责人和学术带头人，贺文彬倾注了大量心血，致力于提高陕西人影服务的科技含量，带领团队完成了多个科研项目。3年里，他先后主持完成了“渭北优势果业区人工防雹增雨基地及气象灾害防御体系”等9项科研和工程项目。其中，“陕西防雹增雨指挥业务系统”总体达到了国内领先水平，部分领域达到国际先进水平；参加完成了空域申请批复监控模块，实现了空域申请、批复、作业动态监控的自动化，填补了国内外空域申请自动化的空白。

热血丹心写忠诚。在气象工作一线摸爬滚打近20年，贺文彬热爱气象工作，始终把“干就干到最好，做就做出精品”作为标准，勇立发展改革的潮头，放声唱出了最美的气象服务之歌。

（来源：《中国气象报》，2012年1月5日，作者：徐丽娜 魏婷）

丁瑞津：坚持做群众的“炮司令”

甘肃省人工影响天气办公室高级工程师丁瑞津，负责组织开展人工增雨扑灭森林火灾的人工影响天气（简称“人影”）应急工作，被称为“炮司令”。

丁瑞津胆大心细，善于发现和解决工作中的问题，主要负责地面人影作业装备、弹药、野外试验及人影作业的组织、安全管理、人员培训及规章制度建设等工作，并多次到一线排除各种安全隐患。

2010 年至 2016 年，在兰州连城森林火灾、天水小陇山林场火灾、迭部达拉林场火灾等森林火灾扑救中，丁瑞津积极组建人影支援队到林区开展人工增雨，并及时调配作业装备和弹药，大大降低了火灾的影响。在多个阖家团圆的日子里，他毅然放弃与家人团聚，奋战在人工增雨的第一线，现场指挥人工增雨作业，人工增雨有效减弱了森林草原火险等级。2016 年 3 月 2 日，甘肃省甘南藏族自治州迭部县达拉林场发生森林火灾，甘肃省气象局启动一级应急响应，丁瑞津第一时间赶赴火灾现场，组织开展人工增雨工作，火区降水量达 7.2 毫米，刷新了迭部有气象记录以来 3 月中旬全旬总量的平均值，对彻底灭火起到了关键作用。

丁瑞津多次负责兰州马拉松比赛、西部民歌邀请赛等重大活动的人影保障工作。同事戏称，老丁让雨怎么下，雨就怎么下。

丁瑞津经常深入基层人影作业点，及时排除基层炮械和弹药管理方面的问题，消除多项安全隐患，为基层出主意、想办法，帮助基层解决人影工作中存在的实际困难。几年来，他收集过期炮弹、火箭弹及哑弹、哑箭共计 9600 余发，联系弹药销毁厂家专车运回厂里予以销毁处理，及时消除安全隐患。

人影作业点是人影工作的“基地”，直接关系着人影作业的安全，丁瑞津积极配合相关部门起草制定全省标准化炮点建设方案和标准化炮点建设验收方案，检查各地人影办作业点的标准化建设。他还在 2008 年至 2016 年中，5 次赴北京、南京购置 150 门双管三七高炮，安全运至省炮库。与此同时，他及时组织专业技术人员对高炮进行维修、保养及检测工作，陆续更新陈旧老化的装备，有效增加作业炮点，扩大作业区域，极大提高人影工作的安全性，为全省防灾减灾工作做出贡献。

丁瑞津工作积极。他主动承担修订各种规章制度，先后起草了《甘肃省高炮火箭防雹增雨（雪）管理办法》等几十项人影管理工作的各项规章制度；建立全省人影作业点档案、作业档案；编写省人影培训教材《甘肃省人工影响天气工作安全管理手册》；参加《人工影响天气三七高炮实用教材》编写工作。“目前，全省人影工作管理逐步规范，安全管理工作扎实到位，这都和老丁密不可分。”甘肃省人工影响天气办公室常务副主任尹宪志说。

此外，丁瑞津自2004年起，主持甘肃省气象局科研课题2项，参与中国气象局课题和甘肃省气象局课题7项，连续3年参加国家自然科学基金重点项目“西北地形云结构及降水机理研究”祁连山野外试验工作；与陕西省军区军械所联合完成的《高炮在膛哑弹液压退弹器》课题，获得“2012年中国人民解放军总装备部军队科技进步奖”三等奖。他参加的《干旱地区人工影响天气关键技术研究》课题，获“2016年甘肃省科技进步奖”三等奖。

在一项项荣誉面前，丁瑞津仍然戴着金丝边眼镜，在人影事业中默默耕耘、付出、忙碌。“我会不懈努力，继续争做群众的‘炮司令’，坚守人影岗位。”丁瑞津表示。

（来源：《中国气象报》，2018年1月24日，作者：倪永强）

严兴起：铮铮铁骨的硬汉子

从地震后被倒塌的砖块埋压，到从废墟中挣扎爬出来赶到单位，再到发出第一份手写天气预报，一直到被送往医院查出肋骨断裂，他忍受着常人难以承受的疼痛，坚守在抗震救灾第一线。

今年（2011年）46岁的严兴起，是青海省玉树藏族自治州气象台的一名预报员。在高寒缺氧的玉树，他默默奋斗了26载。平日里，他寡言少语，但在天气预报岗位上，他可是一把好手，他取得了很多成绩，为高原气象赢得了荣誉。

2010年4月14日清晨，和往常一样，严兴起送走了上学的女儿，他看看挂在墙上的时钟，时间已经是早晨7点40分了，他没顾上吃早饭，就急忙准备出门去上班。突然，一声巨响，地动山摇，房屋顿时垮塌，他被倒塌的院墙压倒，大半个身体被埋在了砖土堆里。

在昏昏沉沉中，严兴起只觉得头晕目眩，肋骨阵阵刺痛，他不清楚发生了什么事。他挣扎着想从废墟中爬起来，可压在身上的土坯、砖块太沉，一时无法站起，他只有慢慢挪动身体，费尽全力，才从废墟中爬了出来。眼前的一切使他惊呆了，他的妻子、岳父、岳母都还在倒塌的房屋里，他一边呼救，一边用手挖，在邻居们的帮助下，他的家人很快被救了出来。他见亲人们都还能走动，没有受重伤，就立即向单位奔去。

浑身上下都是泥土的严兴起，忍受着极大的痛苦，匆忙赶到了玉树州气象局值班室。他发现通信已中断，手机根本打不通。正当他着急时，其他同志也纷纷赶到了值班室。他二话没说，就和大家一起投入到了抢救气象仪器设备的战斗中。

在抢险救灾过程中，玉树州气象局局长塔巴扎西主动询问严兴起家里的情况，他只是淡淡地说“房屋全倒了”，只字没提自己受伤的事。严兴起一边和大家抢救仪器设备，一边开始对部分仪器进行安装，他在最短的时间里，将设备安装完毕。为了及时发出震后的第一份天气预报，他设法查阅资料，分析图表，一直忙到预报结果出来，他用沾满泥土的手编发出了第一份手工报文，上报给青海省气象台，发送到州委、州政府抗震救灾应急指挥部。

在忙完这一切后，严兴起才猛然感到口渴难忍，饥饿难耐。在匆忙吃了方便面后，他又开始忙碌起来。直到 20 时，他又做出了第二份天气预报……从那以后，严兴起每天都按时到岗，不但参加每日的预报讨论与发布，还参加单位组织的抗震救灾各项工作。每当肋骨疼痛时，他就稍事休息一下，疼得厉害时，他就吃片止痛药。

4 月 20 日，严兴起的肋骨疼得很厉害，气象台领导想带他去医院检查，却被他婉言谢绝了。4 月 23 日，看到他痛苦的样子，台领导再次催他去医院检查。可他从医院回来后说：“大夫说只是肌肉损伤，吃点止痛药就行了。”直到 5 月 6 日，严兴起终于支撑不住了，疼痛让他苦不堪言，同事们把他送到抗震救援医疗队，经诊断，他的第 9 根肋骨折裂，第 10 根肋骨断裂。

整整 22 天，严兴起忍着肋骨断裂的伤痛，毅然坚守在抗震救灾第一线。人们为他默默奉献的精神所感动，为他顽强拼搏的毅力所折服。

（来源：《中国气象报》，2011 年 8 月 8 日，作者：晴南）

蔡敏：小荷才露尖尖角

“内心永远充满理想和激情，在工作中绽放美丽，是一件最棒的事情。这样的美永远不会随着时间而消逝。”蔡敏说着，圆溜溜的眼睛笑成了弯弯的月牙儿。正是凭借着热情和毅力，在不到 4 年的时间里，蔡敏从一名刚刚毕业的大学生，“变身”为“全国先进工作者”，向更多人展示了自信、洒脱、坚强和独立的气象工作者精神。

2005 年，蔡敏从西北第二民族学院计算机科学与技术专业毕业后，在兰州大学大气科学学院进行了为期一年的气象专业知识学习。在导师的指导下，她如饥似渴地汲取着知识，用百分之百饱满的激情和状态去探索各种气象要素之间妙趣横生的关系和变化。

2006 年，在宁夏灵武市（县级市）气象局工作后，蔡敏在地面观测业务工作中，在日复一日、年复一年从不间断的值班中，踏踏实实，走得精彩而流畅。

其他刚参加工作的年轻人都忙着追逐爱情、感受时尚的时候，蔡敏远离了“花花世界”的诱惑，勇敢地选择了默默坚守。她深知观测工作责任重大，时刻提醒自己保持清醒的头脑，要一丝不苟、慎之又慎地对待自己经手的每一项记录、每一个数据，不能有一丝一毫的马虎懈怠，哪怕是冒着生命危险，也要取全、取准至关重要的第一手气象资料。

在工作实践中，蔡敏深深体会到，提高业务质量，首先必须提高个人素质。于是，她一点一滴地总结积累经验教训，要求自己不断总结、不断进步、精益求精。即使在平时不是自己值班的时候，只要遇到特殊天气，她都会来到值班室，学习老同志对复杂天气的记录和处理方法。

近年来，由于新业务不断增加，许多新知识需要学习，她除了积极参加单位组织的集体学习外，还利用业余时间主动自学，遇有不懂的问题及时、虚心向其他同志请教，直到弄明白为止。

通过向老同志学、向书本学、向实践学，她的业务工作质量连续 4 年达到 0.0‰的优秀指标，2007—2008 年连续两年获得宁夏气象局地面测报百班无错情单项奖。此外，蔡敏还从观测、监测与对策等方面入手，凝练科学问题，开展跟踪研究，撰写了论文《气象部门计算机网络安全策略》

《浅谈沙尘天气现象》等，先后在《城市建设与商业网点》上发表。

2009 年初，宁夏气象局开展了第二届“全国气象行业气象观测技能竞赛”选拔活动，蔡敏脱颖而出。她克服重重困难，以饱满的热情全身心地投入到竞赛集训当中。白天，是难度一次胜似一次的测试、操作；夜晚，队友们几次从睡梦中醒来，发现她床头的灯依然亮着；清晨，她带着熬红了的双眼又投入到新一天的“战斗”之中。那段时间，她整整瘦了一圈儿。

最终，凭借过硬的专业素质，蔡敏顺利获得了一个宝贵的晋级名额，成为第二届“全国气象行业气象观测技能竞赛”宁夏队成员之一。

临行前，蔡敏心潮澎湃，领导关怀慰问的温暖话语让她倍感关怀，她暗下决心，一定要珍惜这难得的机遇，与队友一起圆满完成任务。

赛场上，蔡敏与队友们并肩作战，奋力拼搏，为宁夏气象局在全国气象行业气象观测技能竞赛获得“团体第十名”贡献了自己一份力量，她个人也获得了“计算机综合处理”单项二等奖和全能三等奖的优异成绩。

鲜花、掌声和溢美之词像潮水般涌来，蔡敏却异常超脱和平静：“对我来说，与其思前想后，不如切实静下心来工作和学习。”面对荣誉，她说，未来的路还很长，她会继续踏踏实实努力奋斗，辛勤耕耘，要将宁夏气象人精神传递下去，用这种精神激励自己更努力地做好工作。

对于家人，她有很多愧疚和遗憾，但她仍然以自强不息的精神诠释着对工作的热爱、对事业的追求、对社会的奉献，以生动的实践和创造活力实现着自己的人生价值。

（来源：《中国气象报》，2010 年 4 月 30 日，作者：申欣）

贾永辉：高山雁难飞 孤崖人长守

4 月 29 日，刚从北京参加全国劳动模范和先进工作者表彰会归来的贾永辉，一下飞机就急着赶回六盘山。

“明天是站上交接班的日子，我想早点回去，还有好多事情要处理。”贾永辉是宁夏回族自治区固原市六盘山气象站副站长。

从每一次交接班，到每一次观测值守，他都毫不疏忽。迄今为止，他已在气象站坚守了 25 年。

暗下决心身长守

毛泽东在翻越六盘山时曾写道：“天高云淡，望断南飞雁。”这样的诗句，让刚从兰州气象学校毕业的贾永辉心潮澎湃。那是 1990 年，他 20 岁，带着满腔激情来到了六盘山。

但当真正来到伫立于六盘山山顶的气象站，他发现日子却格外难熬。“高山缺氧会引起头晕、恶心。那些年，站上常年缺乏新鲜蔬菜，饮用窖水经常引起腹胀、腹泻。”六盘山气象站的老职工李荣智告诉记者，艰苦的条件，加上气象站与外界隔绝，导致许多人在这里都待不久。

“这些困难也曾让我苦闷过，但我始终有一个信念，要通过努力对得起父母和这份来之不易的工作。”贾永辉说。

由于地理位置特殊，六盘山气象站承担着地面气象观测、多普勒雷达观测等多种业务。贾永辉所从事的测报业务工作容不得半点差错。当大风、雷电等灾害性天气出现时，气象观测业务就面临着危险，而他首先考虑的却是保证气象资料完整无缺。

1994 年 8 月 7 日，天空雷电交加，贾永辉完成定时观测后，回到值班室拿起电话，准备向军民航机场发报。突然，一声巨响，雷电击毁了电话机。雷暴引起静电反应，瞬间通过电话线击中了他的右耳和头部。贾永辉当即“蒙”了，大脑一片空白。然而，在清醒之后，他做的第一件事就是利用备用设备将报文传出，而他的右耳从此留下了耳聋的后遗症。

冬季的六盘山气候寒冷，频现大风、大雾天气。安装在室外的测风仪器经常被冻住，值班人员要在第一时间爬上 10 米多高的风塔，敲碎冰块，维修设备。贾永辉在业余时间主动学习仪器保养维护，成了站里仪器维修的“能手”。他主动“包揽”了爬杆破冰的工作。完成一次设备维护要在 10 米高杆上待 40 分钟，全身结满冰凌，手足冻得失去知觉是常有的事。

以站为家情长牵

六盘山气象站共有 12 名职工，在这个大家庭中，贾永辉有时是家长，有时是兄弟。在他的带领下，气象站在抓好基础业务质量的同时，也非常注重精神文明建设。

2013 年，站上有两名测报员要到银川市参加硕士研究生班学习，工作运转压力倍增。“我们尽量安排好值班，不能因为工作运转困难而影响年轻人进步。”贾永辉深知学习对年轻人的重要性。

贾永辉还注重引导职工培养高雅的业余爱好。在气象站的一面展示墙上，最吸引人的是那几幅气象站职工的国画和刺绣作品。“要想在山上待得住，就要找点喜欢的事情干。不然，封闭的环境会让人很难熬。”贾永辉说。

近年来，六盘山气象站基础业务质量稳步提高，连续 3 年获得“全区测报质量优秀站”称号，全站有 10 人获“百班无错情奖”、5 人获“全国质量优秀测报员”称号；2013 年，六盘山气象站被人社部、中国气象局联合表彰为“全国气象工作先进集体”。

“这么多年来经常不在家人身边，家里有什么急事，我只能干着急。说实话，欠家里人太多。”说到家人，贾永辉有点哽咽。他的孩子几乎全靠妻子一人照顾。有时尽管在家休假，只要站上来一个电话，贾永辉也会立刻上山。逢年过节，他也总把和家人团聚的机会让给其他同事。“我们要想过个团圆年，只能是上山陪着他。要不然，他人在家过年，心还在气象站呢。”贾永辉的妻子说。

如今，六盘山气象站已经旧貌变新颜，贾永辉既是见证者也是参与者。2009 年，为顺利完成雷达楼等建设项目，他曾经连续 7 个月不下山，确保了业务与项目建设两不误。

由于常年身处恶劣环境和艰苦生活条件中，贾永辉患上了严重的胃病、关节炎。

记者问他坚守这么多年值不值，他憨憨一笑：“没什么值不值，这就是我的选择。”

（来源：《中国气象报》，2015 年 5 月 22 日，作者：柳荐秋）

袁玉江：扎根边疆的学科带头人

出生于1955年的袁玉江目前在中国气象局乌鲁木齐沙漠气象研究所从事树木年轮研究工作，是学科带头人，硕士生导师、正研级高级工程师。

他热爱边疆的气象科研事业，扎根边疆，工作勤恳敬业，富有团结协作精神，具有良好的群众基础，在气候变化及树木年轮气候、年轮水文研究等方面做出了突出成绩，在国内同行中具有一定的知名度。

工作勤恳 成绩突出

自1982年参加气象研究工作以来，袁玉江主持和参加了国家、省部、厅局级等项目几十项，获得十余项重要科研成果。近年曾主持国家自然科学基金项目“新疆天山北坡经济带气候对地表水的影响与对策”、科技部基础类专项“沙尘暴观测规范及分级标准研究”及和科技部“树木年轮宽度图像数字化改造与技术开发”项目，均已顺利通过相关部门的验收。目前正主持国家自然科学基金项目“新疆阿勒泰地区降水场的树轮重建”、科技部基础专项“利用树木年轮重建我国干寒区气候环境演变信息的整编”、科技部公益性气象行业专项“中国西部树木年轮气候序列及其空间场重建研究”等多项课题。

袁玉江参加出版专著7本，独著与合作公开发表论文144篇，其中SCI期刊6篇，EI期刊2篇。一些论文发表在《Tree-Ring Research》《Climatic Change》《Journal of Arid Environments》《Geochronometria》《Chinese Science Bulletin》《气象学报（英）》《地理学报》《生态学报》《自然资源学报》《第四纪研究》《冰川冻土》《应用气象学报》《高原气象》《中国地理科学（英）》《地理科学》《中国沙漠》《棉花学报》等中高级刊物上。在国家科学技术著作出版基金资助下，李江风、袁玉江、由希尧等同志合作出版了我国第一本树木年轮水文学研究专著《树木年轮水文学研究与应用》。

由于工作成绩突出，袁玉江于 2004 年获 “政府特殊津贴”，还两次获得新疆维吾尔自治区“有突出贡献优秀专家”称号，获得科技部、中国气象局奖多项。研究成果获“国家科技进步奖”三等奖 1 项、“新疆维吾尔自治区科技进步奖”二等奖 3 项、“新疆维吾尔自治区自然科学优秀论文”一等奖 3 项等奖励。

刻苦钻研 自主创新

2007 年，袁玉江通过到瑞士留学合作研究，在国际树木年轮学会主办的唯一专业期刊《Tree-Ring Research》（SCIE）上发表了有关树轮水文学方面的研究论文（国内首次）。首次构建了包含树轮序列高阶幂函数的树轮－流量重建模型，解决了树木年轮水文学中对具有高度正自相关特点的河水流量序列进行重建的难题，得到国际树轮研究领域专家认可，并因此荣获自治区第十届自然科学优秀论文一等奖。

他主持制定的中华人民共和国气象行业标准《树木年轮气候研究树轮采样规范》的编制，已在 2008 年 8 月 1 日实施，这在我国树轮研究方面尚无前例。

目前，国内外树轮气候研究多使用月和旬的气象资料，袁玉江进行创新性的精细化树木年轮气候研究，大胆尝试将逐日气象资料用于树轮气候研究，以重建某一时段的降水日数、日降水总量和以 0.1 ℃为间隔的非常规积温（≥ 5.7 ℃积温），论文分别发表在《科学通报（英文版）》《生态学报》《中国沙漠》等学术刊物上。

在科技部项目支持下，他主持开展将多种沙尘观测新仪器用于沙尘暴强度分级的创新性研究，研究成果获“2007 年度新疆维吾尔自治区科技进步奖”二等奖。他参与研究的成果“沙漠和积雪与区域气候变化的研究”，2009 年 1 月 5 日经新疆维吾尔自治区科技厅组织的专家组鉴定认为：“该项目研究持续时间长、规模与工作量很大、难度很大、应用价值很大，属国内外首创，研究水平达到国际先进。”在国内率先开展树木年轮水文学研究，与李江风研究员等一起出版的我国第一本树木年轮水文学研究专著《树木年轮水文学研究与应用》（2000 年），获得了我国到目前为止有关树轮研究的唯一一项国家科技进步奖（1997 年度）。

他开拓年轮气候学的应用范围（广义年轮生态学），使用年轮指数做阿勒泰县春小麦气候产量预报（《新疆气象》，1987（10）），进行大胆探索。而国际上最早分析树木年轮与小麦产量关系的是俄罗斯科学院院士 E. Vaganov 等人，其论文发表于 1992 年。

他分析树木年轮年表与牧草产量的关系，重建牧草长序列，预测天山北坡牧草产量（《干旱区资源与环境》，1989（1）），目前我们所看到国际上发表同类论文的时间是 2003 年。可见，新疆开展这方面的工作比国际上发表的论文要早很多。

严格要求 培养人才

袁玉江在中国气象科学研究院和新疆师范大学任硕士生导师，在人事部批准的中国气象局乌鲁木齐沙漠气象研究所博士后工作站任博士后合作导师。他对学生严格要求，认真负责，培养硕士生 12 人，博士后 1 人。他指导的两名学生分别获得 2007 和 2008 年度新疆维吾尔自治区优秀硕士论文奖。他领导的气候与绿洲冰雪研究室获得了 2009 年度“全国青年文明号”，2011 年 4 月获得全国五一劳动奖章。

此外，他还为争取沙漠气象研究所成为人事部博士后工作站、将树木年轮实验室成为“中国气象局树木年轮理化重点开放实验室”和“新疆维吾尔自治区树轮生态重点实验室”做出较大贡献。

（来源：《中国气象报》，2011 年 8 月 10 日，作者：江南）

何立富：天气图上演绎精彩人生

对于哪一天知道自己成为中国共产党第十八次全国代表大会的代表，眼前这位镜片后折射出斯文、言语沉稳又不失幽默的先生已记不清了。因为无论哪一天，最吸引他的还是变幻莫测的天气。他勾画着天气图，演算着何时会飘来一朵云。他就是中国气象局首席预报员何立富。

在采访中，最让何立富兴奋的、最值得回忆的是成功预报 2008 年奥运火炬登顶珠峰时的天气。2008 年 5 月 8 日 9 时 17 分，奥运圣火在珠穆朗玛峰之巅成功传递，何立富作为中央气象台珠峰气象保障队副队长兼预报组组长，在珠峰大本营激动地喝起了二锅头。

回想起过程，充满艰辛。“除去高原反应、心理压力外，由于观测资料缺乏，预报难度相当大。如果由于预报失误，没有选对登顶时机，而给登顶人员造成困难，那后果将不堪设想。”何立富说。

2008 年 4 月底，当预报组终于捕捉到 5 月 2 日至 5 日有难得的小风天气过程，登山总指挥部倾向于选取这个时间段登顶。何立富以其特有的冷静和缜密的思维，果断提出由于低涡系统停留时间较长，5 月 3 日降雪量级将达到大雪，不利于冲顶。5 月 3 日至 4 日，降雪过程如“约”结束，何立富在和团队人员分析后认为，5 日至 7 日会连刮 3 天大风，峰顶风力将超过 20 米每秒，但 5 月 8 日的风速会小于 19 米每秒，建议将登顶时机推迟到 5 月 8 日。最终探测实况结果显示，当时峰顶最大风力是 18.1 米每秒，与预报吻合！

在万众瞩目下，火炬成功传递，被称为北京奥运会的“第一块金牌”。为此，何立富当之无愧地获得了北京奥组委颁发的“北京奥运会残奥会特别荣誉奖”。

何立富的家人与他一起品味着这份激动，他们诉说着他对气象预报的热爱：“有时候，觉得他仿佛就是为预报而生的。”从 27 年前与天气打交道的第一天起，他的生活重心就与天气预报联系在一起。何立富的家人不用看他的排班表，就能知道他什么时候值班。“老何是夜猫子，但是值班的前一天 10 点多就早早睡觉，我们对他说什么事他都不搭理。”何立富的家人把这解释成养精蓄锐，天大的事都没有第二天的预报重要，为了做好预报，其他一切活动都可以忽略。

哪怕不当班的时候，何立富心里装的也都是天气。2012 年“7・21”北京特大暴雨那天，不当班的他冒雨来到值班室。“虽然之前就知道会下大雨，但是眼看着下了这么大的雨，心里特别担心，怕会出现严重灾害。”何立富说。

也正是这份使命感，使老何不断强化预报理论根基，并在重大转折性及高影响天气事件预报中形成了自己的预报思路和应对能力：2006 年 8 月，他准确预报超强台风“桑美”的路径及风雨影响；2007 年 7 月上旬的淮河流域暴雨，他依据国内外多种数值预报产品和多种遥感观测资料深入分析，提前 3 天做出将有持续性暴雨发生的预报；在新中国成立 60 周年庆典气象保障服务进入最后决战时刻，尽管每天睡眠时间仅 4 个多小时，但他的努力为天安门上空赢得了一片纯净如洗的蓝天。

每一次准确预报都能给何立富带来极大的喜悦。有这样一个让人感动的画面：起床后拉开窗帘，窗外飘着鹅毛般的雪花，何立富突然笑了，大声说着，“好美的雪啊！”然后他穿好衣服，一边喊着“一二一”的口号，一边大踏着步子走向办公室。不知道的路人笑他痴狂，可这一份难以掩饰的喜悦，是他预报人生中又一次美好经历。

“十八大代表代表谁？”何立富回答：“首席，与它共生的一个词就是团队。我在中央气象台做预报，有些预报员在荒漠、山区做预报。成为十八大代表，代表的是整个气象部门一线普通党员，一群为老百姓福祉安康奋斗的人。”

“十八大代表要做什么？”何立富一边工作一边简单地说：“学习并且履行自己的职责。”职责是什么？看他眼前的工作台就知道——天气图的演算，老百姓的安康。

（来源：《中国气象报》，2012 年 9 月 5 日，作者：孙楠）

马学款：“当预报员，挫折感很强”

39 岁的马学款脸色不太好。他能感到，自己的身体在向他使劲敲响警钟。

1998 年从南京大学大气科学系毕业后，马学款一直在中国气象局中央气象台工作。预报员“压力山大”，需要长期上夜班“倒时差”，十几年下来，他的身体毛病不少，体检指标“不如很多 60 岁的老人”。

从一名普通的大学生成长为首席预报员、全国技术能手、全国五一劳动奖章获得者，令人羡慕。但马学款却说：“预报员的成就感很少，挫折感很强。”因为他们付出了 100% 的艰苦努力，天气预报却不可能 100% 准确，每次天气过程预报总免不了有些偏差。

选择这个职业，后悔吗？“没有时间管孩子，这一点我感到很愧疚。不过，中央气象台成立 64 年了，大多数坚守一线的预报员都是这样过来的。”马学款平静地回答。

承受着很大心理压力

“在每次重大天气过程预报出去后，实况没有出来之前，一颗心都是悬着的。”

刚到中央气象台时，马学款对天气预报并没有太多认识，“不知道有多大用处，没觉得有多重要。”

很快，他的看法转变了。毕业当年，长江流域、嫩江、松花江发生大洪水，形势危急。是严防死守还是开堤泄洪？天气预报的结果起着决定性的作用。当时气象部门给出还有 30 多毫米降水的预报意见，根据这一预报意见，没有采取分洪措施。后来的天气实况和预报非常接近，大堤守住了。

“在当时的技术条件下，能报这么准是非常难得的。刚毕业就经历了这件事，使我认识到天气预报确实非常重要！它不只是我曾经以为的预报刮风下雨，而且是人命关天的大事。”马学款说。

在中央气象台工作的 16 年里，这种强烈的责任感与日俱增。在马学款看来，一名优秀的预报员，除了要具备雄厚的专业理论基础和丰富的预报经验，还必须能承受比较大的心理压力，才能扛得住这副沉甸甸的担子。

“你的预报准确与否，关系到人民的生命财产安全。所以，在每次重大天气过程预报出去后、实况没有出来之前，一颗心都是悬着的——一旦因为预报失误或偏差，导致了严重的气象灾害怎么办？”马学款说。

有时候，室外空调滴水的声音和风吹树叶的“哗啦”声，会让马学款心头一紧：不对啊，没报下雨啊？于是赶紧出去查看。“不光是我，所有预报员都有这种毛病。”他说。

如果预报北京夜里两点左右下雪，马学款往往在两点钟之前辗转难眠。窗外黑咕隆咚看不见，他会伸手出去试试，发现飘雪了，这才把窗户一关，踏踏实实去睡觉。“类似这样的情况是比较多的，特别是当自己的预报意见和别人有分歧的时候。”

走出办公室做预报

“任何的失误或偏差，都可能导致严重的损失，不到现场去看，体会就没有这么深刻。”

为了预报“接地气”，马学款和同事们并不是天天坐在办公室里做预报，而是经常到气象灾害现场去观察、体验，到当地气象台进行预报指导和服务。

四川雅安地震后，2013 年 7 月，暴雨导致都江堰等地发生滑坡、泥石流灾害，造成严重伤亡和损失。为了应对随后两次强降水过程，马学款一周之内，从北京到四川飞了两个来回，进行现场预报指导，和四川的同行们讨论强降水天气。在泥石流灾害现场，眼前的情景使他感到触目惊心：“天气预报任何的失误或偏差，都可能导致严重的损失，不到现场去看，体会就没有这么深刻。”

以往，有的预报员报了一辈子台风，没见过台风什么样子。近些年来，在较强的台风登陆前，中央气象台会派预报员去“追风”，切身感受台风。在“追风”时，马学款和几个同事曾经被困在广东阳江一个小岛上，一天多的时间出不了门，只能吃方便面。

马学款说，没到过现场亲身体验，可能就会把台风、暴雨等仅仅当成天气现象来预报；到过现场后，对天气带来的影响体会更深刻，作业务预报的时候，考虑的东西会更多。比如预报台风时，不仅考虑其带来的风雨强度、落区、持续的时间等，还会特别关注强风强雨对农业、林业、渔业等的影响，以及可能造成的山体滑坡、泥石流等地质灾害和城市内涝等。虽然天气预报无法阻挡气象灾害的发生，但准确的预报可以为防灾减灾提供科学依据，尽量减少灾害损失。预报的精细化程度越高，防范措施就会越有针对性。

成就感没有挫折感多

“我们付出了 100% 的努力，但每一次天气过程都不可能 100% 报准，我们都不会 100% 满意。”

2010 年，马学款参加了第二届全国气象行业天气预报职业技能竞赛，在这场全国优秀预报员的“大比武”中，他获得个人全能冠军。2010 年底，马学款开始担任首席预报员，当时是台里最年轻的首席。

担任首席预报员以来，马学款经历了强台风、大暴雨等多次重大天气过程，圆满完成了神舟飞船发射等重要活动的气象保障工作，关键过程没有出现过大的失误。

不过，即使在预报比较准确的那些天气过程中，他仍然更多地感受到挫折感，而不是成就感。“这个职业和别的不一样，成就感没有挫折感来得多，因为我们付出了 100% 的努力，但每一次天气过程都不可能 100% 报准，我们都不会 100% 满意。”

“虽然有的天气过程报得准，得到了表彰，但在我心里，不会一直想着那些成功之处，而是一直惦记着那些不足之处。虽说瑕不掩瑜，但因为预报员大多有一种追求完美的心态，我们往往更多关注的是‘瑕’，会忽略‘瑜’，而预报经验的积累也往往来自于对预报偏差的总结和研究。”马学款说，因为天气的复杂性，即使科技水平不断提高，天气预报也永远达不到 100% 的预报准确率，所以对预报员来说，成就感是瞬间的，挫折感是永远的。

体检指标不如很多 60 岁的人

“很多预报员都是这样，长期当预报员，身体状态都不太好。”

气象台长年累月 24 小时需要有人值班。长期上夜班，尤其是夜里 2 点到早上 8 点多高强度的“大夜班”，对预报员的身体是一个巨大的考验。首席预报员每天要早上 6 点半到岗，把关预报产品，准备早上 8 点全国的天气视频会商。遇到重大天气过程，首席预报员要在早上 5 点前到岗签发预警信息，一直忙活到晚上 6 点多，遇到重大过程加密会商，晚上连家都回不了。

长年累月上夜班、“倒时差”，导致马学款一度神经衰弱，上夜班之前，很长时间睡不着。“8 点躺床上了，到 12 点可能还没睡着。越疲惫、越难受、越想睡着的时候，反而越睡不着。”上夜班时出现这样的情况，就得熬一个通宵。

为了不耽误值班，马学款睡觉前通常会设好几个闹钟。“神经衰弱的人，入睡很困难。等闹钟响的时候，往往是睡得最沉的时候。”

马学款的体检结果显示，胆固醇、甘油三酯、尿酸、眼压等指标偏高，肠胃、腰、颈椎也存在不少问题。医生的结论是：他的体检指标不如很多60岁的老人。在马学款看来，这并不足为奇：“很多预报员都是这样，长期当预报员，基本上身体状态都不太好。有时候预报员与外单位的人举行会议，各坐一排，从面色上就能轻易分辨出哪一排是预报员。”

近几年来，在中央气象台和各地气象台，有数名预报员英年早逝。“今后突然倒在任何地方，我自己都不会意外。”马学款感到，他的身体已经向他敲响了警钟。今年春节值班期间，他还因尿路结石疼痛难忍，深夜到医院做了碎石手术。

“天气预报不可能100%准确，但我们确实付出了100%的努力。”马学款最大的愿望，就是随着科技水平的提升，天气预报的准确率和精细化水平越来越高，同时公众对天气预报的不确定性多一些理解和宽容，“那样，我们的挫折感会少一些。”

（来源：《人民日报》，2014年3月22日，作者：刘毅）

许映龙：心随风动的“硬汉”预报员

从人民大会堂领回“中央国家机关五一劳动奖章”后，国家气象中心台风与海洋气象预报中心副总工程师许映龙没有任何变化。这位在台风预报一线岗位工作了 24 年的老预报员，提起刚刚获得的荣誉，只是憨厚地笑着说：“我只是抱着平常心，脚踏实地做好本职工作而已。”

“经常值夜班，压力比较大。”许映龙谈及工作体会时说道。2013 年 6 月 29 日，热带风暴“温比亚”正向我国南海步步逼近。许映龙整个白天都忙碌于台风监视和资料的分析。晚饭后，他再次来到中央气象台的会商室处理台风编报工作。窗外雷声隆隆，暴雨滂沱。22 时后，疲惫的许映龙下班回家，雨后湿滑的路面让他重重摔了一跤。他忍着刺骨的疼痛回到家中，打算尽早休息以便继续工作。妻子发现他的异样，连夜带他去了医院。医生诊断，他右腕粉碎性骨折，叮嘱他一定要好好休息，妻子也劝说他留在家里恢复，可眼看着“温比亚”势头凶猛，打着绷带的许映龙还是回到了台风预报平台前，直到“温比亚”销声匿迹。“那段时间很难睡着，因为不论什么姿势都不舒服。可我要是倒下了，别人就得替我值班。一共也没几个人，还是尽量坚持，别拖累大家。”此后，他被大家趣称“硬汉”。

2010 年 9 月 9 日晚上，又是值夜班的许映龙聚精会神地盯着 10 号台风“莫兰蒂”的一举一动。这个近海台风正在逐渐靠近我国沿海，预测将在福建诏安到福清一带沿海登陆。虽然预警信号早已发出，但根据多年形成的习惯，许映龙没有放松警惕。10 日 2 时前后，一直盯着卫星云图的许映龙觉得有些不对劲——“莫兰蒂”太“安静”了。从云图结构的变化上分析，许映龙觉得“莫兰蒂”应该带来较大的风，但观测数据却并没有出现有大风的迹象。当时，日本气象厅对“莫兰蒂”最大风力预报为 9 级，但是许映龙通过对卫星、雷达和地面观测资料的综合分析，结合过往的预报经验，做出了“‘莫兰蒂’中心附近最大风力为 12 级”的预报。10 日 3 时 30 分，“莫兰蒂”在福建石狮沿海登陆，登陆时中心附近最大风力果然是 12 级。

在高强度的工作之余，许映龙也会到台风登陆地区实地考察灾害情况。2006 年，超强台风

“桑美”在浙江苍南附近沿海登陆后，许映龙来到灾区进行了灾害调查。虽然距台风登陆已过去半个多月，但当地房倒屋塌和渔船毁坏的景象还是让他深感肩上的责任重大。“对渔民来说，一条船就是他们全部的身家性命，他们对天气（预报）是非常依赖的。”回到工作岗位后，许映龙对每次的预报更是不敢大意，“台风和很多人的生命财产安全密切相关，我从事的工作不仅仅是业务，更应该当作是防灾减灾的一项事业。”

虽然一直活跃在业务一线，许映龙还是把很多精力都放在了台风技术总结及预报方法研究上。“我们要不断提升自己的技术水平，不然，由于缺乏有说服力的数据和结论，在国际上有些问题没法充分表达自己的意见。”近年来，许映龙带领预报团队，组织开展了台风 96 小时和 120 小时预报试验、业务运行和概率预报等开拓性工作，提高了台风预警服务的规范化水平和有效预警时效；进行多项台风业务的客观预报技术方法研发，提升了台风业务预报的客观技术支撑能力；对台风监测的雷达卫星遥感资料进行客观定量分析应用，提高了台风监测的定量分析应用能力，使得台风定强定位和大风分析业务具备了客观化的技术支撑基础；牵头制定了《热带气旋名称国家标准》等国家标准和行业规范。现在，他正在研究极轨卫星在台风监测中的定量应用和台风大风圈客观分析及预报方法，不过他也承认，由于还不能掌握台风内部结构和强度变化机理，现阶段想要进一步降低预报误差是很困难的。

据许映龙介绍，截至 5 月 6 日，2014 年已经在西北太平洋和南海生成了 5 个台风，比常年偏多 3.2 个。在全球变暖的背景下，台风预报的不确定性和随机性也有所增大，但许映龙还是紧盯着每一个生成的台风，仔细分析每一种预报的可能性。“提高台风有效预警水平，不管是监测还是预报都要朝着客观定量化方向努力，争取提供精细化的服务，这是我们不变的要求。”许映龙说。

（来源：《中国气象报》，2014 年 5 月 9 日，作者：徐文彬）

陆其峰：做个有用的人

2013年12月16日，在金碧辉煌的人民大会堂小礼堂内，掌声雷动。“第十三届中国青年科技奖”的99位获奖者陆续走上领奖台。国家卫星气象中心研究员陆其峰手捧金灿灿的奖杯，憨厚而朴实地微笑着，一如既往。

走上科学研究的道路

壮实，憨厚。维吾尔族风格的条纹衬衫和短促有力的普通话发音，让人一下子想到他的故乡。

1975年，陆其峰出生在新疆，父母是农民。小时候的他没什么宏大的理想，就想做个有用的人。谁也没想到，农民的儿子长大后成了科学家，研究的还是远在太空的卫星。

大学时，攻读陆地水文专业的陆其峰，一度想成为律师，为蒙受不白之冤的民众维护正义是他的理想。为此，他参加了中国政法大学第二学位考试，参考书都翻“烂”了。“可那一年招外校生的名额实在太少了。”陆其峰很淡然。

虽然没考上，但他还是不停地为别人“办案子”。案子办多了，陆其峰开始思考，自己真的适合当律师吗？“不是所有律师都愿意为民请命。”陆其峰说，“还是搞科学研究更加单纯。”

这时候，潘晓玲出现了。她是当时国家973项目最年轻的首席科学家，也是陆其峰始终感念的恩师。1999年，陆其峰大学毕业，进入新疆大学干旱生态环境研究所给潘晓玲做研究助理。

那一年，陆其峰坚定了搞科学的信念，也开始研究和气象相关的领域，并随后考入南京气象学院（现改名为南京信息工程大学）气象系攻读硕士学位。“最重要的是，潘老师奠定了我做研究的风格，一是要拼尽全力，二是要重视身体。”陆其峰说。

潘晓玲是新疆大学搞科研的“女英雄”，由于太辛劳，年仅43岁就患病西去。恩师的英年早逝，成为陆其峰心头永远的遗憾。

信任的舞台开出美丽的花

2006 年，博士毕业的陆其峰进入国家卫星气象中心工作，这让他觉得自己很幸运。但这股高兴劲儿还没缓过来，他又被另一桩好事儿“砸蒙了”。我国第二代极轨气象卫星中的第一颗卫星——“风云三号”A 星即将在 2008 年发射。刚来不久的陆其峰即参与其中，主要做卫星资料的同化应用工作。

“这是很大的信任。一般都是很有经验的人才有资格参与这项工作。结果，我 6 月份刚到局里，10 月份就参与研究，第二年 1 月就有了一些成果。这种自我检验和自我肯定，感觉非常好。”陆其峰说。

卫星发射的那一年，中国气象局首次有机会派一名专家去欧洲中期天气预报中心交流和学习。在国家卫星气象中心和国家气象中心领导及“风云三号”卫星主要负责人的力荐下，局领导拍板决定：让新人陆其峰去！

尽管中国当时已是世界上为数不多同时拥有静止和极轨卫星的国家，但我国“风云”卫星的直接观测数据还未被国际同行所接受，也从未定量应用于任何国际业务数值天气预报模式。陆其峰此行就是要填补这项空白。

刚到欧洲，英语成了最大的障碍。平时字正腔圆的美式英语听惯了，结果那儿还有其他国家的人，说的英语都有母语味儿。一开始，陆其峰的工作必须和一个意大利人合作才能完成。“结果他一说话，我刚要开始听，他已经说完了。”陆其峰很无奈。

凡事就怕认真。陆其峰每天抽出时间练英语，听一遍不懂，就听几十遍，直到最后弄懂。除英语水平突飞猛进之外，用同样的精神，陆其峰圆满完成任务。

当时，在欧洲数值天气预报中心业务同化系统里有两个系列的卫星数据，一个系列是美国的，一个系列是欧洲的。陆其峰在这个系统里建起第三个系列，即中国系列卫星数据。这意味着他要把我国卫星的数据格式在欧洲系统上接通，生成辐射传输模式，订正误差，再把数据结果输出到欧洲的标准数据库，分析论证，评价效果。

结果证明，中国气象卫星和仪器的工艺水平已达到国际先进水准。最终，纳入“风云三号”卫星数据的欧洲数值天气预报系统预报精度提高了 1%。

“做自己的事业才能取得成绩”

在欧洲的时候，除了工作之外，陆其峰几乎没和外人接触过。“平时也不觉得孤独，可是，到过年的时候，看着网络春晚直播，心里特别难受。”2009 年除夕，陆其峰什么也做不下去，直到在春晚节目中看到驻守边陲的士兵，陆其峰想，自己不也在工作吗？算是为祖国和人民做贡献了。“风云三号”卫星数据真正得到世界认可，是在2009年9月底举行的欧洲卫星用户大会上。15分钟的报告，陆其峰练习了上百遍，就是为了让外国人认可中国卫星的数据质量。报告一结束，世界上第一个研究卫星数据同化应用的大师约翰·艾尔（John Eyre）先生激动极了，立即给欧洲中期天气预报中心和世界气象组织写信，肯定中国气象卫星数据的质量及其对世界数值预报的贡献，并建议把中国气象卫星数据向全世界发布。之后的3年，陆其峰几乎每年都会去欧洲中期天气预报中心交流3个月左右。在每一次出访前，国家卫星气象中心领导和“风云”卫星技术组总要聚在一起讨论合作与任务方面的问题，确保他带着明确的任务出去，带着丰硕的成果归来。是什么对卫星数据的质量产生了绝对影响？陆其峰发现，在卫星上天后，仪器在轨性能参数可能发生变化，导致卫星数据不准确。他建立了国际上第一个气象卫星仪器在轨性能优化模型，不但优化了“风云三号”系列卫星数据，还在应用于欧美卫星后，发现、弥补了欧美卫星数据处理缺陷。如何配置卫星观测系统，卫星工程才能实现小投入大收益？陆其峰及其团队创建的实验室“气象卫星系统”仿真计算平台正在试图解决这个问题。通过该平台，旧卫星的观测系统能够得到优化，新仪器的应用潜力也能得到评估。

现在，英国气象局派专家来中国气象局学习、交流。日本、加拿大都在使用我们的卫星数据。“就连俄罗斯气象水文局也邀请我们的卫星气象专家去访问。”陆其峰自豪地说。

“我们一直在做自己的事业。如果一开始到欧洲，我研究的是美国人的数据，虽然不会这么辛苦，但也不会有今天的成绩。”陆其峰说，“国家的发展为我们创造了机遇，而我的每一位同事都和我一样，把卫星气象当成自己的孩子，才能做成事业。”三人行必有我师，陆其峰一直强调：“在成长的过程中，从一线的技术人员到研究所、卫星中心、数值预报中心乃至局领导和仪器生产方，有太多人给过我指导和帮助。”他举了一个特别形象的例子：“有一天，你查了几百页文献，就是弄不明白一个问题，这时候，旁边的人提醒了一句，你就恍然大悟了。”在科研的道路上，这种情况常常发生。幸运的是，陆其峰有一群肝胆相照、坦诚相见的同事。此前，他花了四五年学习辐射传输理论等知识，却一直一知半解。一来到国家卫星气象中心，在前辈和同事的帮助下，他只用了半年，就把主要问题全部弄懂了。陆其峰清楚地记得，刚到欧洲时，因为长途电话太贵，他找了一种免费电话，但每次只能打10分钟。陆其峰不断地“骚扰”卫星的设计方、一线仪器负责人、仪器生产方和“风云”卫星系统的各级负责人。“我给好多人打电话，10分钟、10分钟地打。他们一点也没觉得麻烦。尽管我一个人在欧洲，但我身后有一个精诚合作的团队。”陆其峰为自己是这个团队的一员而感到骄傲。而他的团队也为他感到骄傲。时任国家卫星气象中心卫星气象研究所所长的张鹏和现任所长唐世浩对陆其峰给出了一致的评价：踏实、勤奋、谦虚。

2009 年，陆其峰开始协助其他导师培养研究生。博士生王根跟着他做研究快两年了。“陆老师最强调的就是团队意识。有了别人的帮助，总会事半功倍。”王根说。除了团队意识，陆其峰最欣赏身体好、敢想敢做的学生。“我愿和我的学生一起学习，从他们身上吸取智慧和力量，携手并肩在科学的道路上奋勇前行。”陆其峰说。

（来源：《中国气象报》，2013 年 12 月 20 日，作者：张格苗）

张兴赢：沉下心才能走更远

有这样一位气象工作者，他先后获得由中国气象学会、中国环境科学学会和北京大学 3 家不同机构颁发的 3 项“青年科技奖”荣获“第十五届涂长望青年气象科技奖”，还被授予“全国青年岗位能手”荣誉称号，并作为中央国家机关践行社会主义核心价值观先进典型宣讲团成员到全国各行各业的青年当中去诠释他心中的中国梦。2015 年，他作为我国气象系统唯一的代表被选为第十二届中华全国青年联合会（简称全国青联）委员。他，就是国家卫星气象中心遥感应用室副主任张兴赢。

“荣誉的取得，得益于卫星气象这个大工作平台和团队成员的共同努力，我只是一个代表而已。”张兴赢说，“我国的卫星大气成分遥感应用领域才刚刚起步，未来还有很多工作需要去探索。”

与卫星气象结缘：曲折而艰辛的开始

张兴赢用“曲折”二字来形容他和气象的缘分。2001 年，他从北京航空航天大学材料学专业毕业，基于对新闻记者工作的热爱，经过层层选拔，被新华社录取。

当时班上 30 多个同学，有 20 多个都上了研究生，而他当时还具备了免试保研的资格，家人和身边的朋友都希望他能继续深造。张兴赢回忆：“纠结了好一阵儿，我做了一个让大家都很诧异的决定，放弃了去新华社，也没有继续在本专业深造，而是报考了大气化学专业的研究生。”

2001 年，张兴赢在旅美归国大气化学专家庄国顺的带领下，开始研究大气气溶胶颗粒物与大气环境污染。当时，国内研究大气气溶胶颗粒物领域的力量还很薄弱，公众也鲜为关注，但他敏锐地意识到，大气环境问题将会是制约我国未来可持续发展的一个重要因素。在读博士期间，他发表了多篇高质量的大气环境研究论文，在毕业前夕，还获邀在《人民日报》发表了关于我国大气环境的署名评论文章。

2006 年，大气化学在国内还是相当冷门的专业，就在他考虑是否出国深造时，中国气象局向他发出邀请。“我印象特别深，刚投了简历没几天就给我打电话要面谈签约。”张兴赢说，“我心里犯嘀咕，怎么这么容易签约，而且当时看来气象卫星似乎与大气化学也没什么关系。”

“原来在那时，中国气象局已经在部署开展气象卫星大气环境的监测研究，准备引进大气化学专业人才开拓新领域。”张兴赢说。入职两个月后，国家卫星气象中心成立了卫星大气成分遥感研究室，当时该领域在国内尚属空白。面对一个全新的交叉学科领域，面对困难，张兴赢也曾经彷徨过，但最终还是沉下心来，默默地在少有人问津的新领域开展基础的前沿科学研究，一干就是 7 年。

与十面“霾”伏较量——汗水与智慧的结晶

2013 年 1 月中旬，横扫半个中国的雾、霾天气令人记忆犹新。中小学停课、航班停飞、高速公路封闭……雾、霾严重程度如何、能否预报？中国气象局第一时间回应政府关切和百姓关注，迅速布置了监测和预报的专项攻关任务。

然而，地面观测站点有限，传统的卫星观测手段在霾发生时难以有效观测，如何客观地探测大气污染情况，成为当务之急。关键时刻，张兴赢和他的团队主动请缨承担起攻关任务，凭借着多年的大气化学研究基础和在卫星大气环境领域工作积累的经验，他们很快发现了一种新的卫星紫外波段的气溶胶产品可以克服云和水汽的影响，即便在雾、霾天气也可以实现对霾的全天候和半定量监测。

事实上，我国的气象卫星在设计之初并没考虑到对霾的监测。张兴赢说：“我国气象卫星搭载的紫外光谱仪能否用于霾的监测，我心里也没谱。”在接下来的时间里，他组织团队成员在“风云三号”气象卫星紫外光波段的千万条光谱中，一次又一次地组合对霾敏感的特征信号，经过在大型计算机上无数次运算、对比、分析，终于获得了气象卫星自主的紫外气溶胶产品，并且与地面霾监测结果高度一致。当他把第一张全国卫星霾分布图呈现在中国气象局局长郑国光的面前时，郑国光说：“这么好的气象卫星监测结果，这下可以派上大用场了！”

带着最新的卫星探测成果，张兴赢先后参加了中央气象台全国霾会商和多位院士参与的全国霾污染研讨会，做大会发言；受邀到科技部和国防科工局做专题讲座，为国家开展霾监测和大气污染治理建言献策。2013 年 3 月，国务院副总理汪洋视察中国气象局时，对气象卫星的霾监测成果给予了充分认可。

“正是因为之前的科研经验积累，在霾发生的时候，我们才能‘拨开云雾’。”张兴赢说，

“如果说这是一种成功，我认为秘诀在于没有鲜花和掌声的时候能够沉住气，潜心钻研。科研需要一种持之以恒的坚持，尤其是遇到挫折时的坚守。”

与梦想信念同行：执着而不倦的坚守

2008 年初，在专业领域崭露头角的张兴赢，兼任国际地球观测组织联合主席助理。其间，由于工作出色，他得到了去瑞士日内瓦国际地球观测组织总部工作的机会。

当时，他所带领的科研团队正在论证我国自主研发的大气环境观测卫星。几经思考，他最终决定坚守在自己的岗位上。

“科研需要持之以恒的坚持，事业开展要有一份执着的信念，才能踏踏实实一步一个脚印开展工作。”他说。

正是由于对这份事业的执着和对科研的专注，不久，他的第一篇论文就在《中国科学》杂志上发表，而这篇论文也几乎是国内最早利用卫星研究我国大气二氧化氮污染的研究成果。文章得到了国内大气环境领域专家的高度关注。中国工程院院士任阵海还亲自率队到国家卫星气象中心了解情况。

同年，张兴赢还成功运行国内第一台地基高光谱仪器，获得了大气成分垂直分布的结果。由于出色的科研业绩，入职第二年，他就被破格晋升为副研究员。2009 年，31 岁的张兴赢被任命为国家卫星气象中心卫星气象研究所副所长，开始带领团队进行卫星大气成分遥感应用研究，先后主持参加了国家自然科学基金项目、“863、973 课题”，并且参与欧洲卫星大气环境领域的国际前沿合作项目。作为国际碳观测系统的专家成员，以及当时国际唯一在轨温室气体观测卫星（日本的 GOSAT 卫星）的中方卫星数据使用和验证首席科学家，他深入开展卫星温室气体探测和全球碳排放研究。2014 年，张兴赢作为中方卫星大气成分研究的首席科学家，受邀参与了欧盟第七框架的国际合作项目，与欧洲科学家共同开展利用卫星大气成分观测资料与大气化学模式结合的开展源排放清单估算的国际前沿领域研究。这对我国的大气环境质量预报和大气污染治理提供了重要的支撑。

2013 年 5 月，张兴赢成为当年气象系统最年轻的研究员。同年 12 月，他从国家卫星气象中心卫星气象研究所调任至遥感应用室，投身到遥感业务服务的第一线，建立了我国自主研发的卫星大气环境监测业务服务体系。两年来，他参与完成的多份大气环境决策服务报告得到了多位国家领导人的重要批示，开辟了我国卫星大气环境业务服务的新领域。

“莫为浮云遮望眼，风物长宜放眼量”，当前我国的大气环境问题已经成为制约可持续发展的重大问题。在中国气象局前瞻性的战略部署下，张兴赢和他的团队一直在开展卫星大气环境监测仪器论证和设计，提前开展卫星数据处理的关键技术攻关。这些年，他和团队助推了我国自主研发的“风云”三号气象卫星大气成分探测载荷、中国的二氧化碳观测卫星、高分辨率对地观测专项中的高光谱观测卫星以及空间基础设置中的大气环境观测卫星的立项研制，为我国实施卫星大气成分探测打下了坚实的基础。

张兴赢告诉记者，2016 年，我国 3 颗具备大气环境观测能力的卫星将发射升空。届时气象工作者将可以从遥远的太空日夜监测着人们赖以生存的地球大气，为国家开展大气环境治理和政策措施的制定提供科学的决策依据。

（来源：《中国气象报》，2015 年 11 月 26 日，作者：张静）

李维京：探知风云的科研领军人

人们常说“老天爷”是“随心所欲”的，因此天气气候变化令人难以琢磨。心系国家与百姓的气象科学家却孜孜以求，耗毕生心力去摸“老天爷”的脾气。对国家气候中心总工程师李维京来说，探索“天意”，是他乐于奉献一生的事业。

不断探索 精益求精 名副其实的气候预测科研领军人

1990 年，李维京毕业后被分配到中国气象局，开始在国家气象中心从事长期天气预报工作。当时国内人才比较匮乏，他的不少同学毕业后都选择了出国。为什么留下来？李维京有自己的价值取向。他认为，在国内工作更能发挥自己的专长，应把个人兴趣和国家需求结合起来。“从事国家需要的工作，这件事本身就很了不起。”他常这样说。

国之所需，民之所盼。气候预测、气候变化、东亚季风、气候模式与数值模拟、动力延伸预报的理论与方法、月动力延伸集合预报业务系统……李维京和他带领的团队为推进我国气候预测预报事业发展不断努力，并在多方面取得了进展。

在 20 世纪 80 到 90 年代，我国气候预测还是采用经验统计的方法，即通过往年气象记录分析统计来预测。当时气候预测工作由中央气象台长期预报处负责，时效仅为未来一个季度。李维京加入该处后，从欧洲引进动力模式进行气候预测，延长了预测时间。随后，他结合我国实际，带领团队不断改进系统，建立了我国月动力延伸集合预报业务系统，提高了动力延伸预报方法的预报水平。该系统是目前全国月气候预测的主要方法之一，被评为“九五”国家重点科技攻关计划优秀科技成果。他本人也被评为优秀科技先进个人。

2010 年以来，李维京任国家气候中心总工程师，中国气象局气候研究计划首席科学家，中国气象学会理事，中国气象局科学技术委员会委员，兰州大学、南京信息工程大学兼职教授，国家 973 计划项目首席科学家，中国气象局气候预测国家级创新团队带头人。带着诸多科研人的头衔，李维京把自己的重心放在科学研究中，在短期气候预测领域不断攻坚克难、精益求精。

勇担责任 以科学为媒 为决策服务奉献赤忱丹心

李维京永远忘不了1998年他作为国家气候中心主班预报员的预报经历。在当年4月的汛期天气预测会商中，以他为首的预报团队发现预报指标信号极其异常：根据分析，长江流域在汛期降雨量将比常年高出50%。如果这个预报准确，国家和人民的生命财产安全将面临极大威胁。作为主班预报员，李维京要对预报结果全权负责，他感到了前所未有的压力。然而，他迎难而上，在经过严密分析和多次讨论之后，果断做出了长江流域降水异常偏多的预报。

在国家防汛抗旱总指挥部，国务院领导对这份预报结论非常重视，并根据预报结论提前部署：民政部门调集防汛救灾物资，军队集结待命，各相关部门在长江流域严防死守。那年汛情严重，牵动全国，如果没有提前准确预报，防汛物资不可能及时运到灾区。这次经历让李维京深深感到，作为一名气象科技工作者，自己肩负沉甸甸的责任，因为气候预测对防灾减灾保障国家和人民生命财产安全意义重大。从此，他更加努力地全身心投入到提高预报预测准确率的工作中。

压力虽大，但李维京有着过硬的心理素质，这缘于他对气象科学的深入研究。他经常对青年学生说，任何一种科学预测都有不准的时候，但你一定要相信你所从事的科学。只要你的结论来自科学研究，符合科学道理，你对所得出的结果就问心无愧。

由于成功预测了1998年长江流域夏季洪涝，李维京被国家防汛抗旱总指挥部、人事部和解放军总政治部评为全国抗洪模范，同时被科学技术部评为全国科技界抗洪救灾先进个人。

锲而不舍 物我两忘 让科学精神发光发热

比起预测成功的案例，李维京对那些预测不成功的案例记得更清楚。他说，在探索自然规律的进程中，对错误的反思和重新认识尤为重要。1983年、1991年、1997年、1999年和2003年，这些都是短期气候预测出现偏差的年份，李维京把它们一个个都记在心里。

1983年，出现了20世纪最强的一次厄尔尼诺事件。那时候我国对厄尔尼诺事件对中国影响的认识与事实是完全相反的，认为长江流域会少雨，但实际是多雨。李维京说，吸取了1983年的教训后，当1998年出现厄尔尼诺现象时，我们做出了长江流域多雨的准确预报。

李维京说，研究任何科学，你会发现未知的领域不是越来越少，而是越来越多。社会在发展，人类活动在变化，对气候的影响也在不断改变。李维京认为，如果仍沿用老经验去判断新现象，很容易失败。为了做出准确预测，科学家必须不断钻研，锲而不舍。

他说，发现问题，解决问题，这就是科研的过程，也是科研的乐趣所在。目前，全球变暖导致极地冰川融化，局部地区海温升高，使得影响我国气候的因子也发生了变化，这对我国的气候预测提出了新的挑战。李维京去年申请了国家 973 项目“全球变暖背景下我国南方旱涝机理影响与对策的研究”，计划在 5 年内带领团队完成相关研究。“我们要发现新变化、找出新规律，这样才能做好预报预测。”快到退休年龄的他，仍对事业充满激情。

什么是科学家的素养和精神？对于李维京来讲，不止是对科学真理的不断追求，更是一种对名利“无物无我”的境界。以两种截然相反的态度来对待科研与名利，在科学家身上达到和谐统一。他总是说，做科研不能有太强的个人目的：“人的一生是很短暂的，精力也是有限的。如果什么事情都计较个人得失，会丢掉科学家的精神；只有超越个人得失，达到有与无相等的境界，才能实现追求科学的理想。”

李维京相信，当物我两忘时，才能做到坦然、公正。而这，对一个科研团队来说是不可或缺的。一个人单枪匹马做不成大事情，目前科学研究在很大程度上得益于交叉学科的发展，因此现在的科研工作很难凭借一个人“单打独斗”取得成果。作为一项科学研究的带头人需要具有良好的科学道德，取得团队中年轻科学家的信任，才能带好团队。

李维京坚持花大量精力培养青年人才。他说，当下我国的科研水平有限，预报能力不强，其实短板在人才。只有新一代科学家成长起来，气象科学才有希望，对国家才有帮助。如果老一代人带着原有的经验和思想一起退休了，没有帮助青年人成长，是十分遗憾的。

李维京通过言传身教，把科学思想和科研精神传承给身边的研究生和青年气象科技工作者。他经常告诉学生，取得成功的前提是热爱所从事的事业。“我们从事的事业对人生、对国家都十分重要，只有热爱你所研究的科学才能取得成绩。”在他平淡而坚定的话语里，有一种宁静的虔诚。这背后，是一颗对气候预测事业笃定的心。

（来源：《中国气象报》，2014 年 9 月 23 日，作者：张玮鸥）

杨磊：一个人的 12 年与 7 颗星

初见杨磊，他正忙着接听吉林省气象局业务人员打来的电话，因对方想在气象保障生态文明建设中参考气象卫星的监测数据，热心肠的他便从科普的角度提供素材，供他们参考。“请稍等会儿，我把材料发给他们。”杨磊一边忙碌，一边招呼记者。

“这纯属友情支持，不算我的主业。”采访开始前，杨磊开门见山，“气象卫星图像定位与配准的相关科研及系统研制工作才是我的主业。”

对于不了解卫星的外行人，这一长串的词语听起来颇有些费解。

“比如，‘风云四号’气象卫星传回的图片是圆盘图，我们针对每个像素，根据实时测量数据，计算出图像上每个点的准确经纬度。”杨磊进一步解释，“假设某地着火或者台风来袭，要判断出具体经纬度。如果发生地在北京，但计算得出的结果发生地在天津，这就有很大误差，影响后续工作。可以说，这是一项非常基础的工作。”

自 2006 年博士毕业到国家卫星气象中心工作以来，杨磊一直在气象卫星地面系统研制一线从事图像定位与配准工作。12 年间，他从一名普通科技人员成长为中国气象局科技领军人才和气象卫星地面系统主任设计师。这一切的背后是他长期面对海量数据枯燥又乏味地计算与加工，是持之以恒的坚守，更是从量变到质变的完美蜕变。

“在常人看来，这项工作很枯燥，没有意思，但每一个卫星资料用户都会用到我们定位的数据，这很有成就感，也非常有意义。”杨磊坦言。

刚来气象部门，杨磊的第一项工作就是参与“风云三号”A 星外场校飞试验资料定位，连续出差 70 余天，辗转于云南思茅、甘肃敦煌、甘肃兰州三个机场，每天只做一件事——校飞定位，从那时起，他便对这项工作的枯燥有了初步认识。

他还记得，新同事曾两次向他哭诉工作乏味，缘由是历时一年多做“风云四号”A 星热形变模型仿真数据，每天面对机器和数学公式，感觉“生无可恋”。而他作为“过来人”和团队带头人，在理解同事“境遇”的情况下好言相劝，用自己的切身经历和实际行动言传身教。

他更记得，自己尊敬的老前辈许健民院士在历时多年做完“风云二号”C 星资料定位后，曾两次提到“风云二号”自旋稳定定位时激动得当场落泪。这情景，本就感性的他至今回想起来仍会红了眼眶。

翻开许院士写的、至今被保存完好的资料《“风云二号”定位中的几何问题》，杨磊说：“写得像教科书一样，里面的公式推导、概念对我的工作有很强的指导性。现在许院士 70 多岁了，每天还来上班，老一辈科学家做事情的态度令人尊敬。每当我想放松一点时，想想许院士的敬业精神，就想要坚持下去，不能懈怠。”

凭着这股子韧劲，杨磊及其团队自主创新突破了“风云四号”A 星地面应用系统图像定位与配准关键技术，研制了地面应用系统工程图像定位与配准系统静止轨道三轴稳定卫星地面系统，定位精度达到国际先进水平。

“图像定位与配准关系到‘风云四号’A 星地面系统的成败，且该技术是各国卫星资料处理的核心关键技术，美国经历了 5 颗三轴稳定静止卫星（GOES8-12）才彻底解决这一问题，其方案、方法都高度保密，可以说是世界性难题。”对于仅通过“风云四号”A 星一颗卫星即攻克定位的关键技术难题，杨磊笑言国家卫星气象中心是在国内该领域“第一个吃螃蟹”的团队。

然而，他也不忘正视目前存在的差距。“在卫星资料定位上，我们和美国还有一定差距，目前，美国的卫星定位精度偏差已缩小到 1 千米，而我们的定位精度偏差是 2 千米。未来几年内即将发射“风云四号”B 星和 C 星，我们将力争使卫星定位精度偏差达到 1 千米。”杨磊信心满满。

在采访中，杨磊时不时查看办公室里的一台电脑。“作为显示接收端，这台电脑可实时监测“风云四号”的图像定位与配准，我们可以及时了解图像定位与配准质量的好坏。你看，目前卫星正在对地球进行实时观测。”看到数据处理准确无误，杨磊显得很兴奋。

从“风云三号”A 星、B 星、C 星、D 星，到“风云四号”A 星、高分四号卫星和碳卫星，杨磊亲历了 7 颗卫星的图像定位与配准的相关科研及系统研制工作。“在未来可预见的几年里，还有至少两到三颗卫星需要我们做好图像定位与配准工作。”循着卫星定位精度达到 1 千米的目标，科研路漫漫，但未来可期，杨磊说自己已做好了准备。

（来源：《中国气象报》，2018 年 2 月 2 日，作者：宛霞）

赵西峰：无愧当家人

从 1988 年以来，赵西峰每天一大早就去上班，晚上很晚才回家，中午经常不休息。承揽了全部家务的妻子说：“你都快成住店的了！”

他只能很愧疚地一笑。确实，多年来，他将全部的心思和精力用到了另一个“家”上。

国家气象中心计算机室（以下简称计算机室）里的 150 号人，他心里都有个谱。他常说，只要能将所有年轻人的积极性调动起来，他这个计算机室的主任兼党总支书记就算完成了大半任务。人心齐，泰山移，人心资源是第一资源。他常将一些开发性项目交给年轻人干，目的是尽可能多地给他们锻炼、培养的机会。1995 年，美国 CDC 公司承揽邮电部全国计算机联网工程，他主动引荐 3 名同志去参加这一开发性项目，其中两位是刚参加工作不久的年轻人。最近，需要一批人出国进行自动磁带库培训，派去的也大多是年轻人。在生活上他也处处关心他们，经常不定期召集年轻人开座谈会，同时还举荐年轻人走上领导岗位。去年，又有两名年轻人当上计算机室主任助理，一名当上科级领导。

他说，年轻人脑子灵光，没事干待不住。我们有先进的巨型机，有优良的工作环境，要让他们相信，在事业方面是有发展的。也许正是这些原因，这些年分来的年轻人一拨又一拨，“跳槽”率几乎为零。铁打的营盘不是流水的兵，这一点颇让他欣慰。

计算机室每天 24 小时值班维护机器，一些同志感到工作既辛苦又没什么意思，他就跟大家讲，维护工作做好了，才能保障气象业务正常运用计算机系统。中心的计算机设备多，几乎每天都发生故障，若请厂家来修，不算材料费每天要花人民币 1 万多元。国家每年给我们的维修费不过 100 多万元，仅够买材料的，实际上我们也在间接地创造了巨额财富，我们的工作很有实际意义。于是大家的思想问题也就解决了。

像每一个精明能干的当家人那样，“勤俭持家”是很重要的。在中期数值天气预报系统工程建设中，为了节省资金，他们自行搞工艺设计，赵西峰工作量比别人多一倍，在半年的时间里，他加班加点地进行技术分析、现场勘察及设计，为工程节省了 300 多万元。几年前，他具体负责两台大型机和高速局域网络系统的工程实施。工程实施前期，新的业务楼尚未建成，他们找临时机房，自己设计并组织安装，系统设备安装后不到一个月就投入了业务使用，提前两年发挥了经济效益。1993 年，新业务楼建成，他又负责组织搬迁工作，自己动手，在不影响业务用机的情况下，分期搬迁。哪里有重活他就冲向哪里，经常是一身灰、一身汗，值完大夜班第二天接着干。就这样，用了半年的时间，将这 200 多件、37 吨的设备搬迁了过去。

仅仅节约是不够的，还必须“开源”。1993 年，计算机室申办成立了北京市泰丰电子技术公司，承接网络工程、计算机工程安装，经营初期，由于种种原因，出现了亏空。1995 年，赵西峰担任计算机室主任，他对公司进行了全面整顿，并挑起了董事长兼总经理的担子，当年即扭亏为盈，营业额上升到 130 万元。今年又拓宽了公司经营范围，除了原来的系统开发、工程施工，还从事营销和有关设备生产等，例如与华信公司联合设计、生产卫星接收小站配电柜，进一步打开了局面。

打铁还需自身硬。赵西峰认为，作为一名在基层从事专业工作的共产党员，首要的是掌握所从事的专业技术，做好本职工作。这些年来，他自始至终为之努力着。1975 年，他从北京邮电大学毕业，被分配到国家气象中心从事计算机系统维护工作。当时计算机技术是一门新兴的学科，这对于原来学有线专业的他来说，其难度可想而知。为此，他付出了比常人多得多的心血，在以后的 10 多年里，他利用请大学老师讲课、收看电视和到大学进修的机会，几乎放弃了所有的休息时间。10 多年的努力，换来了扎实的计算机理论基础。

我国原来的气象预报只能做 3 天的短期预报。1983 年，我国开始着手建立中期数值天气预报系统，这期间，赵西峰参加了国家科技攻关项目专题——异种大型机高速局域网络的研究工作，实现了各大型机之间数据高速传输，该项目获得了“中国气象局科技进步奖”二等奖。

1993 年，国产银河 –2 巨型机开始安装，为了早日用银河 –2 制作天气预报产品，他们自行改造大型机的连接通道，在很短的时间内，完成了银河 –2 巨型机与大型机的连接工作，当年 10 月初，银河 –2 巨型机正式制作了 7 天的天气预报产品，在国际上引起了很大反响。1996 年 3 月，他参与组织的国家重点攻关专题——台风、暴雨灾害性天气预报用计算机及网络系统安全研究获得“国家气象中心科技进步奖”一等奖。

由于在完成国家计委和科委下达的重点工程“北京气象中心扩建工程”项目和国家科技攻

关项目《中期数值天气预报研究》工作中做出的重大贡献，1994 年，赵西峰被评为“国家机关优秀共产党员”，并开始享受政府特殊津贴；1995 年被评为“全国先进工作者”，成为气象部门获此殊荣的 3 名同志之一。

对于赵西峰来说，荣誉属于过去，每一个成绩的取得，都是大伙儿共同努力的结果。他仍然像往常一样忙忙碌碌，对于刚过不惑之年的他来说，要做的事还很多。而他最大的心愿就是，把计算机室办成全国知名度最高的计算中心。

（来源：《中国气象报》，1996 年 7 月 25 日，作者：丁继武）

吕伟涛：探索雷公奥秘的青年研究员

在那杂草丛生的地方，在那闷热艰苦的地方，在那雷暴多发的地方，总有一群“捉雷人”，静静守候，等待火箭发射的一刹那，等待引雷成功的一刹那，等待壮观雷击的一刹那，等待数据成功获取的一刹那。他们便是中国气象科学研究院（以下简称气科院）的雷电科研团队，而团队的“领头羊”便是吕伟涛博士。

不畏艰苦，多年坚持野外试验

1977 年出生的吕伟涛是博士生导师，研究员，2003 年参加工作，现任气科院灾害天气国家重点实验室副主任，兼气科院大气探测与科学试验中心主任，雷电科研团队首席。

在雷电研究领域，野外观测是重要的研究手段，是获得第一手研究数据的唯一途径。从事这项工作十余年，野外试验早已成为吕伟涛生活和工作不可或缺的一部分，从 2001 年成为博士研究生开始，到现在培养自己的博士生，每年他都有近三分之一的时间在外开展观测试验。

每年 4 月到 8 月，气科院的野外雷电试验在广东开展，试验主要内容之一是人工引雷，必须选择远离城市和人群的野外，工作条件非常艰苦，同时，单调的生活环境对人也是一种考验。“搞科研要耐得住寂寞”，这是吕伟涛对多年野外试验的经验总结。

十多年来，他一直忙碌在野外试验的第一线，从一名技术骨干成长为试验的组织者、领头人。他曾向每一位新来的职工和学生解释外场试验对于雷电研究的重要性，身先士卒带领科研团队投入到每年的野外试验中。“不管是职工还是学生，进入雷电科研团队，汛期就不要考虑周末和假期了。”这是他对团队成员提出的要求，也是对自己的要求。近两年，行政工作任务加重后，他为了能保证有足够的时间参加野外试验，更是加班加点。在他的带领下，新人更快地适应了野外雷电试验的环境。

一丝不苟，科学试验严谨求真

认真严谨是科研工作最重要、也是最难长期坚持的工作态度和原则，但吕伟涛在工作中一直践行这一原则。“这里需要调整一下”“这样改进一下会更好”，这是他的同事、学生最怕听到的话，但这也是他经常说的话，他经常自嘲，“这是强迫症吧。”

雷电外场试验是与电压非常高、电流非常大、电磁辐射非常强的观测对象打交道，试验人员的安全始终被他放在首位。在保证安全的同时，还要正确获取观测数据，每个环节都来不得半点儿马虎。

为保证同事的安全和设备的安装质量，吕伟涛曾独自爬上十几米高的通信塔架设仪器。“为了获得准确、科学的数据，这是值得的。”他说。从观测点选址、试验场建设到观测方案设计，每个细节他都反复斟酌。仪器放置、供电规划、线缆铺设，甚至插座布置，他都在现场仔细考虑，杜绝任何安全隐患。

野外试验的科学性 、数据质量的可靠性一直是吕伟涛最重视的。每次试验前，他都反复检查所有的观测设备，确保观测系统工作正常，采集到可靠的观测资料。十余年间，他秉承严谨认真的工作态度，一丝不苟，不仅是出于对科学研究的负责，更是源自于他对雷电研究的热爱。

锐意创新，团队合作成果丰硕

除了组织开展人工引雷试验，吕伟涛还瞄准雷电起始和发展物理过程中的重要科学问题，率先提出和组织实施了我国高建筑物雷电物理过程的观测研究。

为了能更智能、更科学、更高效地获得闪电观测数据，他研发了全视野闪电通道成像仪、集成研发了雷电光电同步自动观测系统，设计并实现了闪电双站光学观测方案，建立了基于双站光学资料重建闪电三维通道的方法等，成果得到国内外同行的高度关注和认可。

吕伟涛还非常注重科研与业务的结合。他负责完成了雷电临近预警系统整体架构设计，该系统曾在奥运会、世博会和国庆气象保障服务中得到应用，取得了良好的效果，引领了国内雷电预警方法的研究和业务工作的开展，获得了气象科学技术进步成果二等奖。

十多年外场试验的持续开展和持之以恒的潜心研究，给吕伟涛的回报是丰硕的科研成果：获取了丰富的高质量外场数据，包括 100 多次人工触发闪电和 300 多次高建筑物自然雷电过程的声、光、电、磁多参量同步观测资料；获得专利授权 20 余项（发明专利 10 项）；培养了多名访问学者、博士和硕士研究生，形成了一支具有国际影响力的人才队伍。

（来源：《中国气象报》，2018 年 1 月 25 日，作者：崔国辉）

宋英杰：永远起步在路上

见到宋英杰，是在这个岁末寒冬中气温稍有回暖的一个上午。记者先前的忐忑与揣测，在看到宋英杰亲自走到华风集团大楼门口处来迎接自己的一瞬间，便被他一如在屏幕上看到的洋溢在脸上的明媚笑容迅速消解。

宋英杰，《天气预报》节目主持人中从幕后走向台前的第一人，殚精竭虑地在气象主持人道路上执着跋涉了 17 年，方向未曾丝毫改变，脚步未有片刻犹豫。17 个年头，潮涨潮落，花开花谢，在一个人的生命历程中该用什么来衡量？对宋英杰来说，自己的青春与热情早已全部奉献给《天气预报》，而最初做主持人却只是他的一个爱好而已。

常常审视自己，起步在路上

提及从中央气象台中期预报员转入气象频道做《天气预报》主持人的往事，宋英杰的目光变得深邃而辽远，记忆如水缓缓流出。20 世纪 80 年代末，社会对于主持人的认可和推崇远不及当下清晰而热烈。宋英杰说，那时的自己很朴实，虽然不太清楚主持人的具体工作，但既然不影响自己的预报工作，那么便当成一项业余爱好而欣然应允。

也许命运的奇妙之处就在于前期很多不经意的努力与付出注定会积淀为日后的成功，并显得恰如其分。

宋英杰说，做主持人工作之前，他就很喜欢练习说好普通话。“有一口流利的普通话，说话没有太多的口头禅，这是一个人素养和品格的一部分。”秉承这种想法的他，喜欢聆听专业播音员的发音，对着镜子一字一句读报。音调、语音、用词、节奏，一个个微小烦琐的细枝末节，他几近机械地训练着。所以，当宋英杰字正腔圆地播报天气预报时，很多观众都误认为他是播音主持专业出身。

1993 年，宋英杰从幕后走向台前，从此开始了职业主持人的生涯，正式踏进全新的领域。

如果做一名主持人失败了，该如何全身而退？主持这个行业，是否会给自己更大的发展空间？宋英杰说，他从未设想过。他不是一个凡事谨小慎微、精心计划的人，面对挑战，他喷射出全部的激情。

从爱好转向职业，从预报员转型为主持人，他深厚的专业背景知识，他的博学多闻，他的自信笃定，他的兢兢业业，无疑都为他提供了一个可以全面展现才华与气质的舞台，使他能够从容踏定在进步与开放的时代中如鱼得水，并取得巨大的成功。

对于今日的自己，宋英杰说：“我时刻感恩。感恩于当初领导对自己润物无声的提携，感恩于观众对自己的喜爱与包容。”正是这种感恩之心，使得他不敢有丝毫的懈怠。“录完节目，我喜欢重新审视，不满意时甚至会骂自己。我习惯以一种挑剔刁钻的眼光去看待自己的节目。因此，我常常有一种起步感，总是走在路上，不断追求提升的空间。”他说，十几年来，唯一可以告慰这个职业的便是自己从未懈怠过。

爱之切，言之苛

柏杨曾说：“爱之切，故言之也苛。”宋英杰直言：“《天气预报》节目还没有从十几年前的固有模式中完全脱解出来。”在他看来，如果不能将准确的预报通俗易懂传达给公众，那将是一件非常遗憾的事情。“我特别希望在预报本身的表达上能够与时俱进，有所突破。这是一种合力和共识的群体性行业行为，而非个人性情和喜好使然。”因此，他常常用 12 个字来告诫自己，要让观众“看得清、听得懂、记得住、用得着”。只有真正满足观众需求，才能够与他们谈一场纯粹而完满的“精神恋爱”。

面对更多的年轻一代不再像他们的父辈一样坚守在每晚 7 点 30 分准时收看《天气预报》，而是选择通过其他渠道形式，比如网络、手机等形式来获取天气信息，宋英杰笑道：“我们不要本位主义悲哀地看待这一现象。从气象事业发展的大趋势来看，这说明整个社会对于气象服务的需求更加旺盛。”他认为，一个特定的节目，必然有着特定需求的收看群体，不要妄想包打天下，也不必担心受众分流。如何将节目做出自己的特色，为气象服务事业呈现独特的贡献，这才是更为重要的事情。

内心浪漫，表达“粗糙”

潇洒稳重的外形、开阔通透的胸襟、儒雅博学的谈吐、睿智自信的风格，让很多观众喜欢并关注宋英杰。同时，更多的诱惑与利益也摆在了他的面前，一些商业活动的邀请函，某些非气象类节目的橄榄枝都投给了宋英杰。而他，则始终坚守在气象节目主持人这个阵地，从未有过丝毫的动摇。

宋英杰说："在上课的时候，老师曾问我，你信仰什么？我答道，我信仰一个人对于国家和民族的职业使命感。"这种使命感并非是一种泛泛的空话，他始终认为，一个人只能心无旁骛地做好一件事情。

"《天气预报》节目培养出一个气象专业出身的主持人很不容易。我必须做好这件事情，对得起自己初始的选择和这项事业曾带给我的荣誉，"他诚恳地说，"我已经把生命历程中最有光彩、最有智慧的时光都献给了这个节目，我希望它能在我的手中变得越来越好，这也是我的使命。"

在这种使命感的驱动下，心怀大爱的他开始致力于公益活动。在这次采访之前不久，他曾和同事远赴广西，组织"应对气候变化——中国在行动"活动，进行气象科普知识普及的讲座，与公众面对面交流，倾听他们的需求。

宋英杰说，他不喜欢用"宣传"这个字眼来面对公众，那种板起面孔说教的感觉让他很不舒服。他觉得，寓教于乐的方式可以更好地和公众沟通，用一种彼此尊重的方式让听者更好地接受与理解气象科普知识。

现在，宋英杰的生活更加忙碌。他开玩笑说，最繁忙的时候，和妻子吃顿饭都要预约。对于妻子，他常常心存愧疚与遗憾。他说："我内心浪漫，表达'粗糙'。明明知道应该积极地传递给亲人一些关切和浪漫，有时却总是表达不到位。"造成这些缺失的原因，恐怕大部分都和忙碌有关。"下一步需要继续改进的是，在工作忙碌的同时，我还要学会懂得细腻，懂得浪漫，懂得尊重，懂得关怀。"宋英杰郑重地说。

（来源：《中国气象报》，2010 年 1 月 6 日，作者：吴越）